史料纂集

權記

第一

權記　長德四年七月

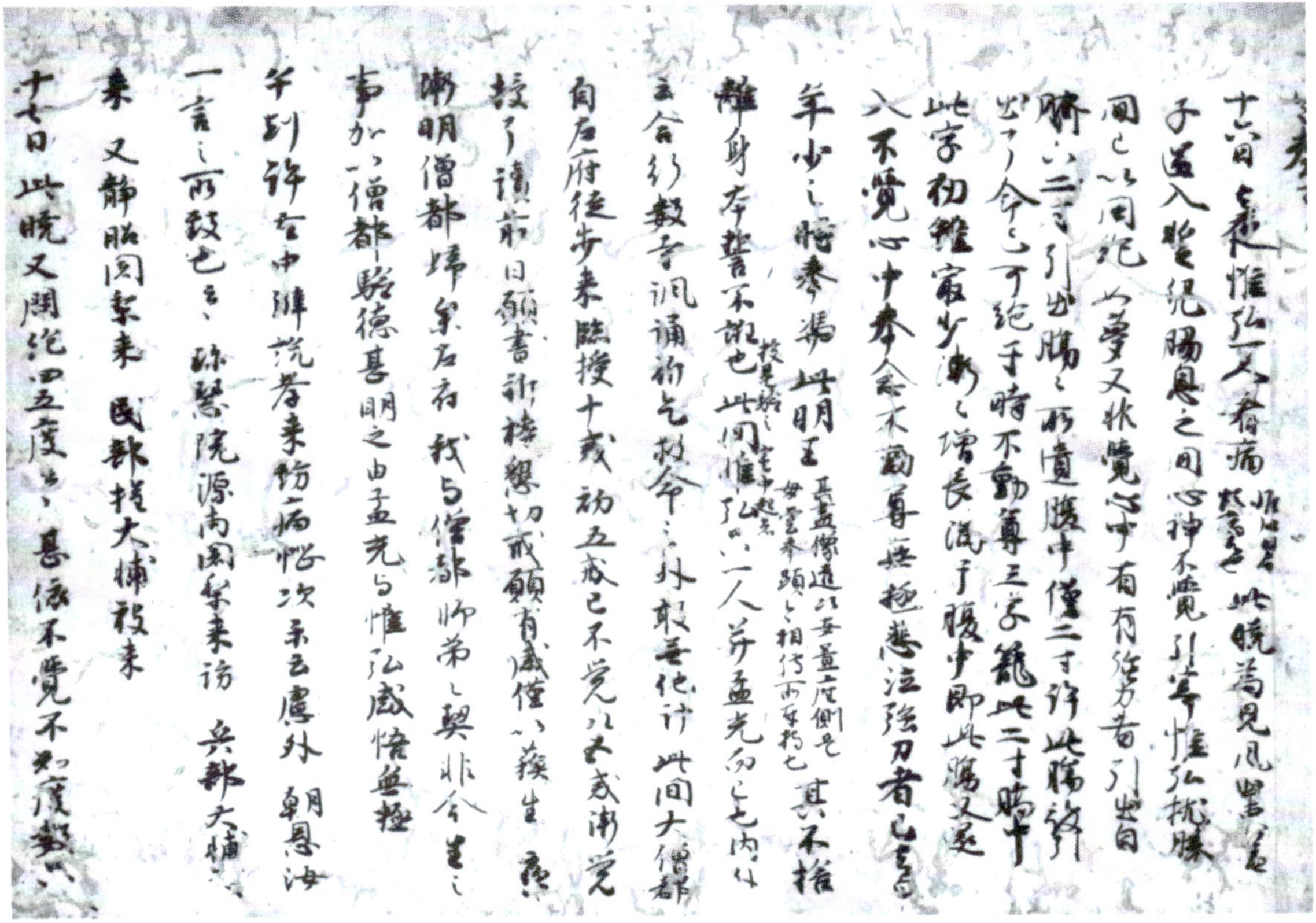

宮內廳書陵部所藏

權記

長保元年十月

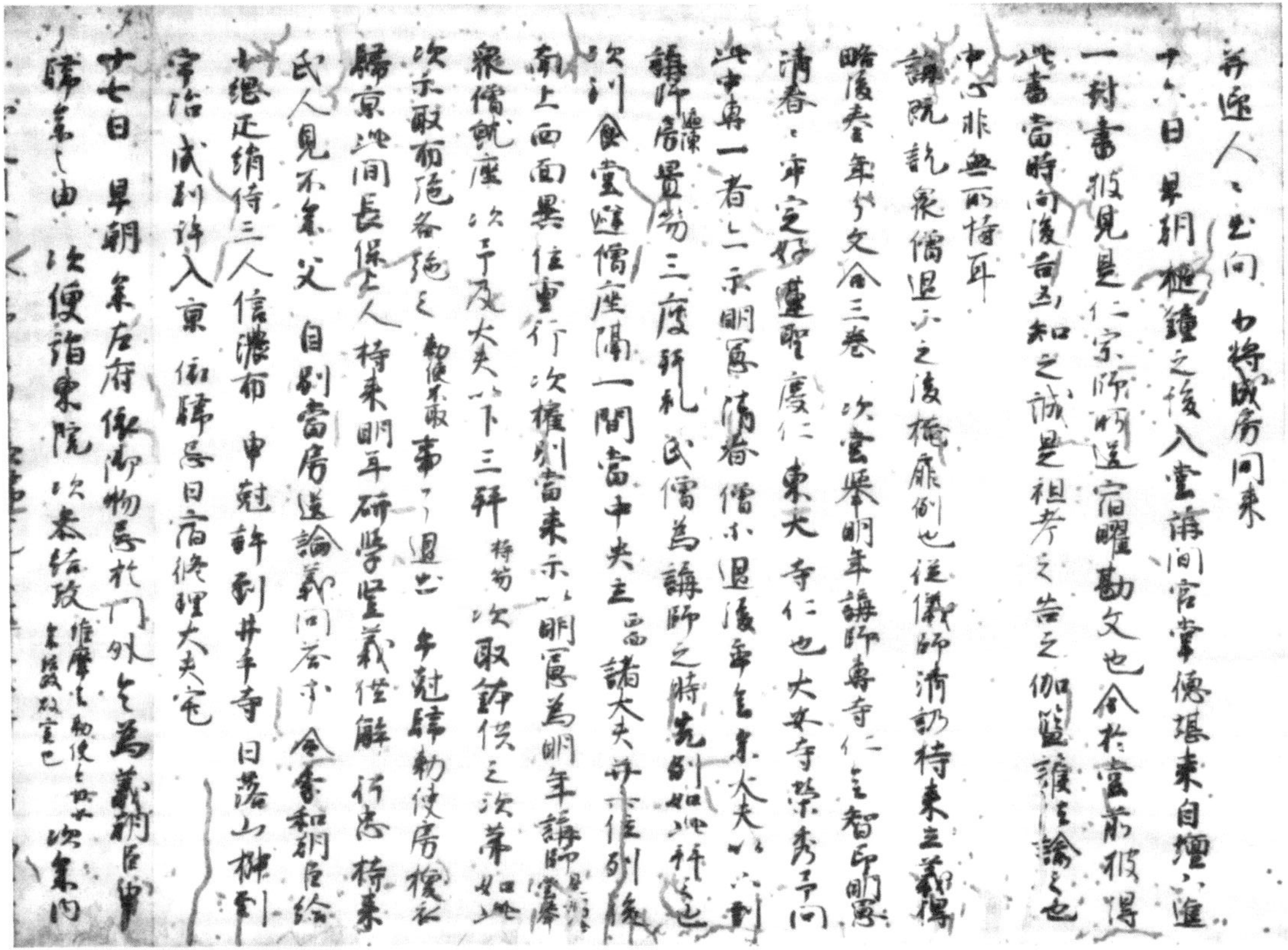

宮內廳書陵部所藏

凡例

一、史料纂集は、史學・文學をはじめ日本文化研究上必須のものでありながら、今日まで未刊に屬するところの古記錄・古文書の類を中核とし、更に既刊の重要史料中、現段階において全面的改訂が學術的見地より要請されるものをこれに加へ、集成公刊するものである。

一、本書は、權大納言藤原行成（天祿三年〈九七二〉生、萬壽四年〈一〇二七〉薨）の日記である。

一、本書は、權記のほか、權大納言記・行成卿記・按察私記等とも稱されたが、そのうち現在最も通用してゐる權記の稱を用ゐた。

一、本書は、現在、正暦二年（九九一）より寛弘八年（一〇一一）に至る間の日次記と、主として寛弘九（長和元）年（一〇一二）以後の逸文を存するが、本冊はその第一冊として、正暦二年より長保二年六月までの日次記を收めた。

一、本冊に用ゐた底本は、宮内廳書陵部所藏伏見宮本（鎌倉期寫）である。

一、校訂上の體例については、本叢書では、その史料の特質、底本の性格・形態等により必要に應じて規範を定めることがあり、必ずしも細部に亙つて劃一統一はしないが、體例の基準は凡そ次の通りである。

1　翻刻に當つては、つとめて底本の體裁を尊重する。但、便宜これを改めた箇所がある。

2　文中に讀點（、）・竝列點（・）を便宜加へる。

3　底本に缺損文字の存する場合は、その字數を測つて□で示す。

4　底本の體裁に倣ひ、抹消文字には（ミ）、顚倒文字には（レ）、補塡文字を插入すべき箇所には（ｏ）の符號を用ゐる。

5　校訂註は、原本の文字に置き換へるべきものには〔　〕、參考及び説明のためのものには（　）をもつて括り、又は○を附して按文を註記する。

6　人名・地名等の傍註は、原則として毎月その初出の箇所にのみ施す。

7　上欄に、本文中の主要な事項その他を標出する。

一、前掲諸條の外、特に本書のために儲けた體例は、次の諸點である。

1　年の替り目は改頁とし、月替りは前月の記事のあとに行間をあけて續けた。

2　底本に平出・闕字のある場合は、つとめてこれを存した。

3　外題・頭書・端裏書などは「　」をもつて括り、頭書は、便宜その日の記事の末尾に載せた。

4　底本に使用されてゐる古體・異體・略體等の文字は、原則として正字に改めた。但、底本の字體を原のまゝ存したものもある。

5　上記の外、必要と認められる事は、その都度、註記した。

一、本書の公刊に當つて、宮內廳書陵部・東京大學史料編纂所は種々格別の便宜を與へられた。特に記して深甚の謝意を表する。

一、本書の校訂は、渡邊直彦氏が專らその事に當られた。銘記して深謝の意を表する。

昭和五十三年十二月

續群書類從完成會

目次

図版

長徳四年七月
長保元年十月

權　記　第一

（標紙題簽）「行成卿記　自正暦二年至正暦五年　略記　一」

（小口外題、元包紙）「正暦記　自二年至五年畧記　非春記ノ内　墨付十八枚」

（コノ巻、複本アリ）

正暦二年

九月

七日、（マヽ）　任大臣事、諸司裝束南殿（紫宸殿）、廂從額間云〻、

時剋卿相參陣、大内記爲時朝臣（巨勢）持宣命、令覽於中納言顯光卿（藤原）、覽了返給之後、卿起座、經階下就弓場奏之、内記從之、覽了還著陣座、次天皇（一條）可出御也、而不御出、

任大臣の儀
紫宸殿の裝束

宣命を奏す

出御なし

内辨藤原顯光

同兀子に著く

開門

參入の公卿

宣命使源時中

宣制

宣命

太政大臣藤原爲光

右大臣源重信

内大臣藤原道兼

近仗陣階下、次卿相出外辨、次内侍召人、次内辨(顯光)起座著靴、立軒廊西第〔二〕間、西面、次内記持宣命進内辨、〻〻取之、昇殿著兀子、次諸衛開門、次闈司出、次内辨召舎人、次小〔少〕納言(源)能信〔遠カ〕、參入就版、

次内辨定〔宣〕、刀禰召、少納言稱唯、出召之、次卿相參入、中納言(源)重光卿左衛門督、・(源)保〔光〕卿・權中納言(藤原)公季卿春宮大夫、・(源)伊陟卿左〔右〕兵衛督兼大〔太〕皇大〔太〕后宮權大夫、・(藤原)道長卿左〔右〕衛門督・中宮大夫、・參議(源)時中卿左兵衛督・皇大〔太〕后宮權大夫、・右近中將(藤原)道綱卿・參議(藤原)時光卿大藏卿、・(藤原)懷忠卿左大辨、・(藤原)道頼卿左近中將、・(藤原)實資卿美作權守、・(藤原)伊周朝臣右近權中將、・(藤原)誠信、春宮權大夫・侍從、立定後、内辨召左兵〔衛脱〕督、時中、〻〻參上、給宣命退出、立軒廊西一間北砌、次内辨起座退出、下加列之、次宣命使主若立字歟標下宣制、

次事不見之、

天皇我詔旨良万と勅御命乎、親王・〔諸王脱カ〕諸臣・百官人等・天下公民衆聞食と宣、

太政大臣乃官ハ、攝政正二位藤原道隆朝臣乃可任奈り、而謙讓心神〔深カ〕之天、内大臣乃官を毛辭申天支、此般猶令昇進めハ、彼心尓違之ぬへ、右大臣從一位藤原爲光朝臣ハ、數代尓歷仕へ天、朝乃重臣とあり、仍殊尓太政大臣乃宮〔官〕仁上給比治賜布、正二位行大納言源(重信)朝臣ハ、可供奉支次尓〔人脱カ〕有尓依天、右大臣乃官尓任賜布、正二位行權大納言藤原道兼朝臣ハ、朕之親舅奈り、朝恩を可蒙幾人仁那る依天那牟、殊尓内大臣乃官尓任賜布、又正二位行權大納言藤原濟信〔時〕朝臣

大納言藤原濟時

乎大納言乃官尓、正三位行(權脫)中納言源(藤原)公季朝臣乎中納言乃官尓、參議從三位藤原(道頼脫)朝臣乎權中納言乃官尓、參議從三位藤原伊周(朝臣)||乎權中納言乃官尓、從(正)三位藤原道綱朝臣乎參議乃官尓任賜久と勅布、

天皇我御命乎、衆聞食と宣、

爲光一條第に於て任大臣大饗を行ふ
尊者二人
尊者の祿取に就きての源保光の意見
主人盃を非參議大辨に勸む
放面圓座

正曆二年九月七日 ○コノ條、原ト十日ノ條ノ次ニアリ、今意ニ據リテ順ヲ改ム、

正曆二年九月十日、詣桃園、(保光)命云、去七日太政大臣家饗事、給祿如常、但尊者二人、右大臣六条・內大臣二条、第一人祿如例主人取之、次左近權中將(藤原)齊信、取之、春宮大夫・拾遺(誠信)相公或爲舍弟、或爲息男、此兩人中可取之、而齊信朝臣執之、未知其所以云〻、主人勸盃於非參議大辨事、雖非初度事、是先例也、非參議大辨座用圓座、但放面、○コノ條、原ト七日ノ條ノ前ニアリ、今意ニ據リテ順ヲ改ム、

正曆三年歲次壬辰

正月

諒闇に依りて元日節會幷に小朝拜を停む

一日、丙申、於攝政(藤原道隆)直廬(淑景舍)、右〔丞〕承相(源重信)以下會合、聊成讌飲、事了攝政以下引參上殿上、依〔諒〕涼湆(陰字歟)(圓融法皇崩御)、無節會・小朝拜、但新(後カ)取事、殿上酒希(肴カ)如例、

晝太白星現る
天文密奏

四日、己亥、晝午時太白經天見、又同日昏酉時與太白並在婁同宿、相去一尺八寸所(可カ)、同五日、密奏、

御齋會結願

十四日、己酉、今日御齋會了也、僧才(參カ)南殿(紫宸殿)、依承和・天慶・天德例也、

二月

諒闇に依りて釋奠を停む

三日、丁卯、釋奠停止、依〔諒〕涼闇(圓融法皇崩御)也、

〔三月〕

石清水臨時祭試樂

廿二日、丙辰、臨時祭(石清水)試樂、主上(一條天皇)服御直衣、

四月

御灌佛藤原誠信の失儀

八日、辛未、有御灌佛事、拾遺相公(藤原誠信)失禮、卿相以下莫不掩口、摩御導師右方柱南入、冣違例也、

東三條院に行幸あり

藤原道長を従二位に敍す

廿七日、庚寅、行幸於東三条院(藤原詮子)、御土御門也、(藤原道長第)
(權脱)大納言道|(長)敍従二位、家主也、

五月

左兵衛府荒手結

手結は府の大事

藤原行成宣旨に依りて著行す

廿一日、甲寅、著府(左兵衛府)荒手結、兩佐(源伊頼・藤原行成)有被召問之事、余(行成)有所陳申、雖未進怠状之間、依被召問、不能參々(行カ)著、督(藤原)實資、令奏事由、府底年中大事手結也、而兩佐被召問之間、無人著給(行カ)、若可令延日而行歟、只待天裁進退矣、宣旨云、且令進怠状、且莫令闕公事者、督示送此旨、其消息數度來、仍著行之、

六月

源保光の圓明寺供養

八日、庚午、被供養圓明寺(松崎寺)、卿相以下莫不會集、備後前守相方(源)朝臣行事儀式并音樂事等也、

藤原道兼供養不參を詫ぶ

九日、辛未、自寺還詣內府(藤原道兼)、被命云、昨日可參之由、兼申事由、亦中心所在(存カ)也、而入道民部少輔女弟一(第一女カ)昨午時許長逝之由示送、仍不參、爲恨之甚何事如之、今須後日必參彼寺、可申此怏(衍カ)之由可申納言(源保光)者、

源守清卒す

十四日、丙午(子)、彈大弼(正脫)從四位上源守清朝臣子剋卒、

藤原爲光薨ず

十六日、戊寅、太政大臣從一位藤原朝臣爲光薨、申剋、年五十一、

七月

薨奏

十五日、丙午、(マヽ)　有薨奏事、

解陣

廿四日、乙卯、有解陣事云々、先是依故大相國(藤原爲光)事警固、今日解也、

相撲召合

廿八(七)日、戊午、相撲召合、

同拔出
藤原爲光の薨去に依りて音樂なし
左右取手番奏前後の先例
左大將不參と雖先づ左奏を進むべし

廿八日、己未、拔出、無音樂、依大相國事也、納言(源保光)命、延喜廿一年相撲、左大將(藤原忠平)不參、右大將定方(藤原)卿也、左宰相中將兼輔(藤原)取手番奏之、先右大將進奏、是失也、天慶七年相撲、左大將仲平(藤原)左大臣、・右大將(藤原實頼)、清愼公・右大臣、右大將參入、左大將不參、中納言左衛門督顯忠(藤原)取太(左カ)奏先進、若此說善歟、如是之事觸時聞知甚吉事者、

八月

源重光権大納言を藤原伊周に譲る

廿八日、己丑、〔権脱〕大納言正二〔三〕位源重〔光脱〕年七十、辭所帯所〔行カ〕帯大納言職、譲聟納言〔藤原〕伊周、任権大納言、年十九、

九月

重陽節會

九日、己亥、有節會、參內、式部雖載文人廻文〇次下、脱文アルカ、

十二月

神今食
中和院に出御

十一日、庚午、出御中院云々、

平野社行幸

十四日、癸酉、平野行幸、右大將〔藤原道兼〕不參、

寛朝に輦車を聴す

十五日、甲戌〔戊〕、大僧正寛朝被聴輦車、

荷前鋪設

廿六日、乙酉、御建禮門有荷前事、左右大將〔藤原濟時・道兼〕不參、門前立幄爲御在所、前施幔、辰々〔巳カ〕方去

宸儀出御
六府陣を引く

數又(丈カ)幄(立脱カ)爲上卿座、〻〻〻南末有諸大夫座、東有上官座、又東又(行カ)東去三丈有外(記歟)・史座、御在所南有班幣幄、震(宸)儀出御承明門、兵衞陣左右衞(行カ)、御出建禮門之比、各分春華・脩明兩門、夾班幣幄陣之、近衞御在所東西陣之、御門(衞カ)者在兵衞南、今日不著靴、只帶弓箭、

正暦四年歳次癸巳

正月

朝賀
八省院行幸
藤原行成參入の後輕服を改め大儀を服す

胄形

兵衞府陣內裏式に違ふ

內辨源重信

一日、庚寅、今日有朝拜、巳時自待賢門參入、卯時〻〻(行カ)行幸八省院云〻、仍便自此門參也、裝束、無文冠・綾袍・折(柳カ)色色(行カ)下襲・白表袴・烏犀巡方・塵蒔細劔・青綟平緒、依故東院(惠子女王)御服也、入東廊便所裝束、左衞門督顯光(藤原)御宿所(卿カ)、著武禮冠・裲襠・深緋襖等、右衞門權佐信順(高階)周(用)尋常冠・卷纓、此事無所見、又或著半臂下重、或不著、至于下官(藤原行成)者(著カ)半臂、不可著之事、更無所見、至于親衞將著胄刑(形)、用例冠等、著平胡籙、府陣如或(式)(內裏式)、夾襲(龍カ)尾階左右可陣也、而不知前(例脱カ)之官人偏陣階東、不陣西、依有立改幡等之煩、只令立戈、召渡官人等、相分令著陣、但右府(右兵衞府)不知前例、偏陣階西、女院(藤原詮子)立御車於白虎樓下、恠事也、內辨(源重信)右相

威儀
奏賀
元日節會
御諡奏
節會内辨藤原道兼の早退
東三條院に朝覲行幸あり
同院御忌月に御遊を行ひ給ふ
白馬節會
内辨重信誤りて第一兀子に著く
敍位後の親族拜に舞なし
藏人頭源俊賢加階後の還補
藏人を補す
還昇
檢非違使を補す
東宮藏人昇殿を定む
女敍位
男敍位
行成を從四位下に敍す

府六条、・威儀彈正尹爲尊親王・宰相中將道綱(藤原)、・奏賀、中宮大夫道|(藤原)(長)、了還宮、奏諡左少將隆家(藤原)、小(少)納言代、於便所脫改异(裝カ)束、
節會事、内辨内相府(藤原道兼)、事未了出給、候御車後、
三日、壬辰、可有行幸土御門院(詮子)(藤原道長第)、須裝束輕服可候陣、然而去夕令信順朝臣候氣色於攝政(藤原道隆)、
早著吉服可供奉者、仍用吉服、時剋(午刻)行幸、晩景有御遊事、院御忌月(藤原時姬)也、而有此事、恠念
ゝゝ、事了還宮、左相府(源雅信)著魚袋、此說吉也、然而依他卿不著解之、誤也、
七日、丙申、節會如常、内辨右相府、六条、南座第一兀子左大臣座也、而誤著其座、計可著
也、但位記筥當第一兀子置之、仍忽不覺故實著件座、須先著本座第二兀子後、召内竪令
置改、亦叙位之後、可有親族拜舞、而依伊周(藤原)大納言說、只有拜不舞、非只施(マヽ)此納言之筥(荒カ)
涼說、亦内辨誤、
九日、戊戌、參内、被定昇殿等事、藏人頭右中辨俊賢(源)去七日叙四位、卽還復云ゝ、藏人修
理亮源惟時(源)中納言時中第三男、・蔭子藤原脩政、所(雜カ)衆色、(左)右馬頭相尹(藤原)・右近小(少)將宣方(源)・左少將隆家、已上
如元昇殿、備後守藤原方隆、殿上、藏人所雜色文章生橘爲義、檢非違使左衞違(衍)左衞門尉藤
原忠親・大中臣宣政、右源遠相(右衞門尉)・平倫範、東宮藏人紀致頼、定方(宣)・隆家兩亞將・左衞門
大夫通頼(藤原)如元昇殿、右少辨爲任(藤原)・右(左)○(權脫)衞兵佐伊頼(源)・因幡掾孝標(菅原)殿上、又有如(女)敍位事、
正四位下理兼(藤原)、左大臣北方(藤原穆子)返進位記二卷、敍之也、　從四位下行成、年廿二、

正五位下(源)奉職、一品(資子)内親王家以女爵給之云々、　外從五位下穴太清行、内大臣家令、

行成の所々申慶

十日、己亥、所々申癈(慶)由、

同啓慶宇治に赴く

十一日、庚子、參六条(重信)・皇后宮(藤原遵子)兩所、晩景赴宇治、

十三(二)日、辛丑、從宇治赴山階(興福寺)仁成房宿、

長谷寺參詣

十三日、(マヽ)　朝赴僧正(眞喜)房、次參長谷寺、

十四日、(マヽ)　拂曉自長谷向仁成房、午剋出彼房、到宇治、

行成の還昇

御齋會內論義

十五日、甲辰、自宇治到三条、自先頭辨(源扶義)許被示送被聽還昇之由、殿下(道隆)被命云、去十四日御前論議(義)了、賜祿之儀、御導師訖著本座之間、王卿把笏、藏人頭取祿、自(目カ)王卿、々々即起、次第進跪右青璅門北戶長押下、搢笏取之、進從東簀子敷、賜於僧綱以下、把笏復坐云々、

藤原伊周僧に祿を給ふに失儀あり

而伊周納言不跪取之、亦不經簀子、直進賜之、是說未知善惡、又所不見、猶可謂失也、

踏歌節會

十六日、乙巳、小舍人(紀)貞光來、告有召之由、頭辨(俊賢)仰者、給例掛(祿カ)、即參入、於掖陣令案內、御物忌也、仍退出、有節會如常云々、

御物忌

射禮

左近衞府の穢に依りて行幸を停む

十七日、丙午、參內、今日可有幸建禮門射禮事、而自一昨左近衞府死穢、仍停止、

賭射

十八日、(マヽ)　賭弓、

內宴

廿二日、辛亥、有內宴事云々、午上甚雨、

菅原輔正詩題を献ず
行成輕服に依りて不參

式部大輔(菅原輔正)献題目、花色與春來、新字韵、依服(恵子女王)不參、先々輕服者著吉服參、然而余(行成)依有所思不參也、

攝政家大饗
忌月に依りて音樂なし

廿三日、壬子、參攝政殿、大饗也、無音樂、依主(人脱カ)忌月(時姫)也、

左大臣家大饗

廿四日、癸丑、參左府、大饗也、

右大臣家大饗

廿六日、乙卯、參左(右)府、大饗也、

內大臣家大饗

廿八日、丁巳、參內府、大饗也、

請客使
尊者二人
甚雨に依りて拜禮なし
勸盃
餛飩を居う
史生を召す作法
鷹飼渡る
五獻

午後雪雨降、上卿一兩被參、藤大納言(朝光)參入、主人(道兼)暫居親王座、召左近中將正光(藤原)朝臣・少將隆家朝臣、爲請客使、召兩人之間、隆家朝臣先參居南簀子、仰可參左府之由、正光朝臣參右府、酉剋左・右府被參西中門之北(比カ)、主人出南簀子、以隆家朝臣、被申自狡(掖カ)可昇給之由、依甚雨可無拜禮也、尊者到南簀子敷比、與主人相揖著座、尊者座定、以圓座爲主公座、主人勸盃左府、正光朝臣勸盃坏(於カ)右府、主(人脱カ)還本座之後進机、次二獻、右小將(左少)隆家朝臣・右中將實方(藤原)朝臣、次進餛飩、三獻之後、右少辨爲任(藤原)朝臣進、中云右(左カ)府、史生召さむ、尊者揖、卽稱唯還座、召國平(多米)朝臣、一聲、年來召聲誤也、此辨(爲任)喚一聲、若是右將軍(道兼)口傳歟、國平稱唯進辨後、辨仰云、史生召せ、稱唯還座之後、召官掌、二聲、官掌稱唯、立西廊砌、以此廊爲外記・史座、仰云、史生召せ、官掌揖、屈行稱唯、次進飯、次鷹飼渡南度(庭歟)、次汁物、次四獻、次五獻、召使、左(右)近少將宣方(藤原)朝臣・左衞門佐朝(經カ)臣・右衞門佐實正(藤原)・右馬助有親(藤原)、各進跪

錄事を定む
立作所穩座
尊者以下に祿を給ふ
引出物

南階西、主人仰錄使(事カ)、宣方等稱唯、宣方・朝經辨・小(少)納言座、實正等外(記脱カ)・史座、次左近中將正光・但馬守明順(高階)・予率一兩大夫、經南緣到立作所云〻(之カ)、次給史生祿、次穩座、次給外褂(記カ)・史、次辨・少納言、次宰相、此間有下立之儀、次中納言・大納言、尊者祿取、右衛門督(藤原道頼)・宰相中將、予先進母屋南面戸下、撤屛風、示事由於兩人、〻〻進取之奉尊者、次分出物(引カ)、尊者以下引者(馬カ)、其後各〻分散、

源保光の教命

大饗日四位勸盃者、或不取次酌、或取之、取說吉也、是納言(源保光)教命也、

二月

敦道親王元服の御儀
藤原道隆女三人著裳

廿二日、庚辰、參南院(東三條藤原道隆第)、四宮(敦道親王)御元服也、理髮藤相公公任、加冠左府(源雅信)、秉燭者扶義(源)・俊賢(源)兩頭辨、大臣(道隆)四人有引出物、亦攝政殿第二(藤原原子・後ノ敦道室・後ノ一條御匣殿)・三・四女君著裳、

敦道親王冷泉院に參り給ふ
參內
四品に敍し昇殿并に帶劍を聽す

廿三日、辛巳、參四宮、加冠之後參內給、自冷泉院小舍(人脱)來告云、扈從御共之由、宮先參冷泉院給、次參內給、經左近陣、至弓場殿、令奏事由、次敘位四品、昇殿・帶劔等事、次參女院(藤原詮子)給云〻、予還昇之後、今夜初可候宿、仍留不扈從、聞者(藤原行成)、自女院又被參冷泉院、奏敘品之慶也云〻、

殿上賭射定

兩頭前後の射手等を分つ

藤原行成は後方

後方人々賀茂社に詣す

行成不淨の疑あるに依りて社內に入らず

前後方人夾名

廿八日、丙戌、酉剋主上(一條天皇)出御侍所、攝政被候、藏人式部丞輔尹(藤原)・大(左)中辨扶義・右中辨俊賢同候、依仰各取別前後射手等、藏人式部丞輔尹執筆書、分取了主上人(入カ)御、攝政候御共、次前方人ゝ詣左中辨宿所、後方人ゝ詣右中辨宿所、定雜事、予後方人也、後方定雜事、余執筆書雜事、今夜(後脫カ)方人ゝ詣賀茂祈也、下官(行成)幷左馬頭相尹(藤原)朝臣依有不淨之疑、不入於御社內、祈了各ゝ歸宅、

前	後
(藤原)隆家朝臣	(藤原)實方――(朝臣、下同ジ)
(藤原)登朝	(藤原)實成
(源)宣方朝臣	(源)明理
(藤原)賴親朝臣	行成
(藤原)正光朝臣	相尹
(藤原)爲任	(藤原)通任
(高階)明順朝臣	(藤原)景齊――
(源)經房	(藤原)朝經
(源)正清朝臣	(源)憲實(定カ)――

(源)相方朝臣　　(源)道方
(藤原)知章　　(高階)道順
(高階)信順　　(藤原)重家
(藤原)忠輔——　　(源)遠相
(源)惟時　　(藤原)通經
輔尹　　(平)理(義カ)美
(藤原)脩政　　(平)行義
(藤原)陳政——　　(藤原)方隆
(源)頼光　　(藤原)理兼
道忠　　(源)惟能
伊章　　(藤原)貞光
忠家　　忠孝

藤原懐平室歿す

廿九日、丁亥、早旦左京亮國平(多米)朝臣來云、修理大夫(藤原懐平)内方自夜半有悩氣、已入滅、悲歎無極、

三月

藤原行成請假
還昇後初度の假文なるに依りて產穢と稱す

二日、庚寅、請假三箇日、產穢、還昇之後、未奉假文、初奉凶事假文有憚、仍今日產穢所奉也、

同請假十日

六日、甲午、請假十个日、依姨（藤原懷平室）也、

行成禪定寺に詣す

廿六日、甲寅、登禪定寺（山城）、於賢坂俄心地甚惱、仍立願、可建立五大堂於禪定寺、適應願力心地平復、

殿上賭射
前方勝つ

廿九日、丁巳、巳（行カ）賭弓、前勝云ミ、

藤原道隆の東三條第南院燒亡す

卅日、戊午、南院（東三條藤原道隆第）燒亡、

四月

賀茂祭
紫宸殿に出御
飾馬御覽
出居次將

十五日、癸酉、天皇（一條）御南殿（紫宸殿）、覽使等餝馬（賀茂祭）、大納言伊周（藤原）卿候御前、左小（少）將明理（源）・右中將實正（方カ）（藤原）出居云ミ、

中宮萬燈を供養し給ふ

廿四日、壬午、參中宮（藤原定子）、奉供十方ミ（抹消符不要カ）万燈御明、爲除病延命利益衆生也、

藤原行成の大般若經轉讀

同結願

〔五　月〕

廿日、丁未、請三口僧、令轉讀大般若經、忠道(遷カ)內供・庄命・祈統等師也、

廿六日、癸丑、結願、大德達布施八木各十表(俵)、○コノ條、原ト前條ニ續ケタリ、今意ニ據リテ行ヲ改ム、

除目
藤原道隆關白後初度の御前除目に依りて故者申文を返却せしむ

藤原行成中宮に詣す

源俊賢の夢想

源雅信の出家

相撲內取

最手三宅時弘
助手越智常世

七　月

八日、甲午、今日初於御所(前カ)被行除目、長門守(源清邦)雖死闕任之、至于故者申文被返却、攝政辭退(四月二十二日)、關白(藤原道隆)之後初被行也、○コノ條、魚魯愚別錄一ニ收ム、

十六日、壬寅、參中宮(藤原定子)、頭右中辨(源俊賢)同參會、

十九日、右中辨參會內示云、一夜於山(比叡山)爲汝見吉想云々、佛法靈驗也、

廿六日、壬子、左相府(源雅信)依御病重、被出家、

相撲內取之(也カ)、右・內(府カ)取・中將道信(藤原)朝臣候御前、關白候御簾內、事了相撲人等出、次右相(源重信・藤原道兼)撲人等參、次藏人式部丞理義(平)依仰以圓座一枚、敷孫(廂)南三柱下、次大將參、內大臣、次最手三

時弘の力は拔山扛鼎者にも勝る
同召合
十七番左勝つ
同拔出
出居闕怠の少將三人を追放す
藤原正光出居を勤む
御覽
三番左勝つ
行成の批評
左最手私宗平故障を申す
雅信薨ず
三朝輔佐の臣洛陽の士女之を悼む

宅時弘・助手小智〔越〕常世決力、時雖彼拔〔弘脱カ〕山柱〔扛カ〕鼎〻者、未女〔如カ〕之耳、
廿七日、癸丑、參內、召合、一番、左大宅正忠、勝、右紀時任、十一番左勝、三番右勝、三番持、
廿八日、甲寅、甚雨、拔手事、昨左近出居小〔少〕將明〔源〕理今日同可奉仕、遁逃左右、仍賴〔藤原〕親朝臣可奉仕之由有差仰、而賴親申云、明理候、賴親非可奉仕、敢背綸旨强以固辭、仍藏人頭俊賢承仰、以小舍人令追出陣外、明理出來、爲奉仕渡階下之間、又被追返、次經〔源〕房朝臣可奉仕之由被仰、亦固辭、然而不背綸旨、欲出居之間、又被追入、以殿上出居中將正〔藤原〕光朝臣爲出居、御覽了、

一番、左大宅正忠、勝、右小智〔越〕常世、　二番、左〻近、勝、右秦常正、　件二番右三已上者、而皆負、是可然歟、三番、左吉美侯常時、勝、右阿閇行時、　先例拔手召寂手時、一番召之、亦召而必今〔令カ〕決勝負、爲令決勝負所召也、若可續〔不然カ〕之時不召之者、而今日左寂手私宗平申故障、旣免而罷還、件兩事未得意耳、關白被候之、
廿九日、乙卯、入道左大臣從一位兼行皇太子傅源朝臣雅信薨、年七十四、身仕數代、位至一品、三朝爲輔佐之臣、朝家所重也、洛湯〔陽〕士女〔聞脱カ〕薨逝而皆戀慕矣、

九月

藤原道兼春日社に詣す
藤原行成の扈從

十九日、甲辰、内相府（藤原道兼）被參春日社、詣御共、今夜被宿山階寺（興福寺）都維那仁成房宅、余（藤原行成）宿林懐師房、

神寶等を奉る
餺飥
神樂
番長に府生將來の宣旨を給ふ

廿日、乙巳、昨今辰剋以前有雨、午以後晴、子剋又雨、午剋被參御社、奉神寶・東遊・走馬等、未剋於馬場殿飽銚（餺飥カ）如例、臨昏有神樂事、人長兼時（尾張）召子（オカ）男事、晩興闌之比、番長六人部近平蒙府生將來之宣旨云〻、

〔閏〕十月

藤原道兼右大將の辭狀を上る
上表使は六位の家人
同使に付して表を返却す
藤原行成の見解

廿六日、庚戌、内大臣（藤原道兼）被奉請罷出（於カ）右大將狀、使藏人式部丞輔尹（藤原）、以六位上表之例、近代所不見、但伊望（平）大納言請罷出（於カ）民部卿表狀、以故伊勢守（平眞材）、以六位上表事、頗違例之由申大殿（藤原道隆）之、被命云、無可然之子・姪、仍令輔尹獻之也、輔尹家人也、此事未甘心、又被返表使輔尹、又此事先例不見、

十一月

朔旦冬至賀表を奉る
雨儀
日上源重信
陣座還著の作方に就きて論あり
六府番奏

一日、甲寅、今日朔旦冬至、仍奉賀表、雨儀、天暦九年雨儀、御暦・番奏等付内所、（侍脱カ）今度不付、日上右大将（臣）重信（源）以表函付内侍還本所、軒廊、西面北上、大臣第七（三カ）間、納言第三（二カ）間、宰相四（一カ）間、經列北著本座、右反、但左大将濟時（藤原）左返（大字カ）、左右是非之由、或仰相（卿カ）争論云々、大将与権大納言伊周（藤原）也、又番奏後六府佐可左返、而右返、是右（左）少将頼親（藤原）朝臣失禮也、

正暦五年

正月大

元日節會紫宸殿に出御
雨儀

一日、癸丑、（マヽ）節會如常、御南（殿脱カ）（紫宸殿）、近仗陣階下之間甚雨、左仗施平張、右仗無其設、亞将走立杖（仗）、走入事頗輕々、

東三條院に朝覲行幸あり

三日、乙卯、今日行幸東三条院（藤原詮子）、御出御門院（土カ）（藤原道長第）、先例御輿出承明門之比、近衛将召大舎人、而今日右中将實方（藤原）朝臣未出門召之、誤歟、

三月

搜盗

六日、戊午、(マヽ)有搜盗事、

七月

相撲召合
仁壽殿に出御
日上の失儀
立合幷に樂なし

廿七日、丁丑、相撲召合事、時剋出御仁壽殿、依天暦十年例被行之、御簾懸東簷、日上候(藤原濟時)御几帳外、是誤也、可候内云々、無立合幷樂、葵・瓠花又無、

相撲御覽
同拔出
日上藤原道長

廿(八)九日、戊寅、御覽、昨上左大將(濟時)今日不參、仍中宮大夫(藤原道長)候之、左助手吉美侯常時・右寂手三宅時弘被合、時弘之勝、

八月

任大臣の儀
紫宸殿の裝束

廿八日、今日有大臣召事、南殿(紫宸殿)御裝束如例、南廂自額東間以西懸御簾、內立大床子、敷毯

御物忌に依りて出御なし
内辨源保光宣命の草尋で淸書を奏す
内辨兀子に著く
開門
參入の公卿
宣命使平惟仲
宣制
源扶義の失儀
閉門
内大臣藤原伊周の奏慶
新任大臣大饗の勅許
藤原齊信を藏人頭に補す
伊周第大饗

代、後立御屛風、自額南北懸御簾、又内立御屛風、已上裝束司可知行之、早朝式部丞率僚下立標、中務置宣命版、今日御物忌也、仍無御出、未剋掌侍藤原義子進南殿、中納言源卿(保光)起陣座、令賷宣命草於大内記爲時(巨勢)朝臣、經階下參弓場殿、無名門東去一間南面、先插笏、以藏人頭俊賢(源)朝臣、令奏件草、御覽了返給中納言、〻〻返給内記還陣座、宣命淸書之後又參、如先令奏、返給之後復座、近仗陣階下、縫腋・壺胡籙(簶)、著靴、諸卿分著外辨、次内侍臨檻、次中納(言脱)源卿起座著靴、立軒廊西第一間、西面、次内記持宣命進内辨、内辨取之、昇殿著兀子、北面、次諸衞開門、闈司出、内辨召舍人、二音、舍人惟(稱)唯、次小(少)納言伊頼(源)朝臣就版、内辨宣、刀禰召世、小(少)納言稱唯退出、次權中納言時(源)中卿・中(行カ)納言伊(源)陟卿右兵衞督、・道(藤原)頼卿右衞門督、・參議懷(藤原)忠卿左大辨、・實(藤原)資卿左兵衞督、・惟(平)仲卿右大辨、・誠(藤原)信朝臣侍從、・左中辨扶(源)義朝臣等參入、各立標下、次内辨右辨(召脱カ)レ大平朝臣、稱唯斜行、入自殿軒廊、上自東階、立内辨後、簀子敷、内辨授宣命、平朝臣取之、揖而退下自東階、立軒廊(一脱カ)間、次内辨出就列、次平朝臣出南歩、更西折、當宣命、就宣命版、宣制一段、列者再拜、右(左)中辨扶義一拜、誤也、次(宣脱カ)制、訖群臣又再拜而出、次任人(版脱カ)各就標、再拜(舞脱カ)踏而出、諸衞閗(閉)門、此程内大臣(藤原)伊周、在左近陣座、事了大臣經階下參弓場、令藏人頭俊賢奏慶由、次令奏可給饗祿之由退出、次俊賢依召參御所(前カ)還出、以左近權中將(藤原)齊信爲藏人頭之由仰出納、諸卿就陣座、内大臣以下分出、作法如例、於關白(藤原道隆)二条第設饗饌、納言以下・辨・小(少)納言・外記・

錄事四人史生を召さず祿
穩座管絃の興あり
源重光舞人秦身高に袒を脱ぎて給ふ
引出物

史座如例、三獻之後仰錄事、辨・少納言座、宣方(源)・明理(源)、外記・史座、說孝(藤原)・師長(藤原)、不召史生、給祿之後、辨・小(少)納言以下如例有下立事、次卿相著穩座間、家公關白出給、堪絃管者一兩候南階下、此間前大納言(源重光)依家公召在其座、殊召右四位少將宣方、・左馬助(頭)相尹(藤原)、・少納言道方(源)、等、候南東簀子敷、宣方狄拍、(子脫カ)于時秋風索〻、夜漏漸闌、竹云桐云、唱之調之、聽其音錚〻然、有千烋之聲、爰右衞門尉身高(秦)出儛於庭中、身高年〻(已カ)七十有餘、身體曲折、春柳弱〻(嫋カ)、此間前大納言說(脫カ)袙給、次新大納言道賴、狄盃勸源納言、巡行之間有引出物事、小馬、栗毛云〻、事了各〻分散、

「(標紙題簽)行成卿記　長徳元年　十秋　十二月　二」

(小口外題、元包紙)「春記カ
長徳元年　自七月二日至十二月廿五日
墨付九枚」

長徳元年

七月

雷鳴陣

陣居の作法の先例

源保光の說

二日、參內、頭中將(藤原)齊信云、雷鳴時陣立如例、但村上御時、夾額間南北行居、左少將(藤原)濟時・右中將(源)延光、此時主上(村上天皇)出御、令問給陣居違例由於延光朝臣、々々申云、至于兵延光、從兵衛府罷渡、○源延光、天德四年ニ右兵衛督ヨリ右近衛權中將ニ遷ル、其程不幾、難知舊例、從左府(左近衛府)儀也者、仍又令問濟時、更無所申、此座猶向南北、可居東西行也者、但此御座事、故中納言(源保光)被申儀甚善、仍隨其說○者、少將以上南北相對、並西上也、藏人辨(藤原)爲任云、去正曆四年(六月二十日)又有雷鳴陣、故將軍(左大將濟時)被候其陣、又居南北行

雷鳴御座の位置

云々、此日御座可在大床子御座、或候〔供カ〕晝御座南、又可候〔供カ〕大床子南云々、○コノ條、原ト七月ノ下ニ續ケタリ、今意ニ據リテ行ヲ改ム、又、コノ記、西宮記ニ收ム、

長徳元年

八月

除目

廿八日、除目、今夜候宿、○コノ條、原ト八月ノ下ニ續ケタリ、今意ニ據リテ行ヲ改ム、

藤原行成を藏人頭に補す
重服に依りて奏慶せず

廿九日、早朝候殿上、巳剋右大臣〔藤原道長〕參上、於晝御座召藏人輔公〔藤原〕、々々應召參御前、還出、被補藏人頭者、卽令奏悚由、依重喪不令奏慶、退出、詣三條、越前守親信〔平〕朝臣宅、修理大夫〔藤原懷平〕近日被寄住、仍被同宿也、申補頭案內、頃之歸三条謁老尼、小舍人文〔久〕範來、告召由、給例祿、疋絹、

九月

藤原行成の初參
宿所

十三日、初參內、候宿、以作物所北面爲宿所、○コノ條、原ト九月ノ下ニ續ケタリ、今意ニ據リテ行ヲ改ム、

小舍人等に饗祿を給ふ

十六日、召小舍人・主殿司等、給例物、小舍人信濃布百段、端〔殿カ〕司絹六疋、人別一疋、米十五石、饗析也、

行成を作物所別當に補す
五節定
行成藏人頭の後初めて吉書を奏す
內覽
晝御座に出御
御覽
藏人所返抄に加署す
位祿申文を結ね申す
宣旨を下す
陪膳を勤む
季御讀經
行成若狹國進上の宋人の解文幷に國解を下す
參議大辨平惟仲國解を結ね申す

十七日、參內、聞昨被補作物所別當之由、陣中所〻別當可奏慶由也、然而依重服不令申、
又被定可奉五節之人、右大臣（藤原道長）・藤大納言公季、・右兵衛督（源）俊（賢脫カ）、・太皇太后宮權大夫（藤原）理兼、殿上、
廿二日、乙丑、卯時詣右府、令覽越前國交易絹十疋解文、今日初可奏文、仍先令覽也、辰
剋參內、以女房令候氣色、出御晝御座、卽挿件解文於文刺、出於殿上東戶、跪候年中行
事御障子北頭、斜望龍顏、主上（一條天皇）御目、卽參進、跪御座間辰巳角柱南長押下膝行、又懸膝
於長押、進文之後、退去長押下、御覽了返給、卽以文刺擧寄取之、依解文不結、退還於殿上、以
解文下給所、令作返抄、加署、頃之奏右中辨信順（高階）朝臣位祿申文、今日初可出陣下宣旨、依吉書奏下也、返給結申、
奉御詞（仰カ）、稱唯退、右大臣參著左仗座給、卽於左靑璅門下、招左近將監（曹）三宅滋明、問膝突有
無、次進著膝突、以宣旨下奉右大臣、〻〻開文結之、仰宣旨、大臣奏文（卷カ）犹笏、予（藤原行成）乃立退、
今日爲陪膳、亦候宿、
廿四日、季御讀經始也、先日（九月六日・二十日）若狹國所進唐人朱仁聰・林庭幹解文幷國解、依仰下奉右大臣、
件唐人可被移越前國之由、前日諸卿被定申、隨則以其由官符、下遣若狹國、而下知官符、
彼國聀（所カ）進商客解文之事可被召問國司（源兼澄）者、是又公卿所定申也、件解文以官符可返遣於國司
許也、後聞、右大臣於陣下給左大辨（平惟仲）、〻〻結申國解云〻、左武衛（藤原公任）示云、卿相結申如何云
〻、縱雖公卿已爲辨官、上卿所下給文結申例也、

季御讀經結願
陸奥守藤原實方罷申
御前に召し御衣幷に綸旨を賜ひ正四位下に敍す
重服に依りて拜舞せず
陣定を行ひ大宰大貳藤原佐理の罪名を議す
法家の勘申は不當
直物
小除目
上卿藤原道長
御修法結願
阿闍梨寛朝
旬
紫宸殿に出御
雨儀
庭立奏なし
官奏
氷魚を賜ふ

廿七日、御讀經結願、戌剋陸奥守實方(藤原)朝臣令奏赴任之由、先於殿上勸酒一兩巡、內藏寮儲肴物、依重喪人、儲精進物、其後出御晝御座、藏人信經(藤原)奏仰(奉カ)召實方朝臣、〻〻應召、候孫廂南第一間、次召藏人頭齊信(藤原)朝臣、〻〻奉仰取祿、出自母屋南第一間障子戶賜之、文(支)子染衾一条幷御下襲一具也、例給紅染袿、而此度用支子色、隨有云〻、別有仰詞幷敍正四位下、給祿幷奉仰詞退出、依重喪不拜舞、

廿八日、諸卿於陣定申大貳(藤原佐理)事、先日推問使(惟宗允亮)言上解由下給法家、之(令カ)勘申罪名、對捍詔使、可除名者、今以其旨令定申也、公卿申云、稱有宿痾、不對詔使、已所稱宿痾也、何以言對捍、法家所勘申無所據者、但重遣使可〻〻〻(令推問カ)云〻、

此日有直物・小除目之事、先右大臣參御所、召紙・筆、有除目之事、子四剋事了、大臣退下、淸書之後相副直物奏之、今日事右大臣一人候御前、其儀如官奏、

十月

一日、辰剋御修法結願、阿闍梨大僧正寛朝、左近少將相經(藤原)取祿給之、夜候宿午時退出今日出御南殿(紫宸殿)、甚雨之間、已失禮儀云〻、無庭立、有番奏云〻、延喜八年雨儀、無番奏、有庭立奏云〻、今日厨家御贄不(獻脫カ)、渡下器者經階下云〻、右大臣(藤原道長)(小字カ)兼左大將候奏云〻、一獻之後賜氷魚、康保三年年(衍)例、出居右(左)少將明理(源)(侍從)朝臣、

内藏寮亥子餅を給ふ
秋田城介に枉道官符を給ふ
左右衛門府射場埒を築く
源相方に昇殿を聽す
相方の初參
射場始
藤原道長若狹等三箇國の解文を奏せしむ
出雲國解を檢非違使別當に下す
同國より進上の犯人を檢非違使に付して糺問せしむ
僧綱召
御物忌

二日、參內、藏寮(內藏寮)以餅一折櫃給殿上、例也、右府給城介信親(源)朝臣申給枉道官符、從海道赴任國文一枚、可奏事由者、

三日、左右衛門府築埒、開永安門云々、昨以右府給文奏之、下給、即結申、奉仰詞之後稱唯退、即持參右府下奉之、

今日早旦右大臣候殿上、有仰播万守相方(源)朝臣昇殿、文章生源方弘補所雜色、播万目惟宗允政如舊爲所出納者、即奉仰書出、召出○納爲孝(惟宗)下給云々、

四日、播万守相方初參、不令奏事由、直上殿上、若故實歟、

五日、有弓場初事云々、旦朝罷出、

六日、依召參右大臣御宿所、可奏文給之、若狹・越前・出雲等國解文、其下(旨カ)見目錄、但出雲國解文依有仰、召右衛門督(藤原實資)於弓場殿下給之、彼國言上云々(衍カ)、熊野・杵築兩神致齋癈(廢)務之間、不能糺定犯人等之事、仍捕件犯人九人、付掾ム丸等進上者、仍可令檢非違使勘糺之由被仰也、別當(實資)令申云、件人等於何處可尋乎、此由可申右府者、即申事由於右大臣、被仰云、東柱邊者、早可遣使召尋者、即亦以此旨申右衛門督、今夜宿侍、

七日、早朝有召、參右府御宿所、下給可奏書等目錄、今日有僧綱召、其儀垂御簾、依御物忌不卷御簾、以藏人所菅圓座敷孫廂、當御座間也、

上卿道長
僧綱補任帳
權少僧都仁覺
權律師四人
內供忠圓
中宮御讀經
筑摩御厨長の名簿を進む
石清水八幡宮寺別當朝鑒
雜袍宣旨を下す
田上御網代司の名簿を下す
造茶所申請文
中宮御讀經結願
東三條院及び中宮內裏より退出し給ふ
石清水行幸の臨時奉幣
同調樂
藏人所牒を以て御網代司を補す

次召余(藤原行成)被仰可召右大臣之由、即出陣著膝突召大臣、〻〻參上、次被召續紙・硯幷僧綱補任帳、召大外記致時朝臣(中原)、令進件文、轉取奉之、入柳筥持進、置大臣前、頃之大臣退下、權少僧都仁覺、權律師定澄已講一、・慶圓內供一、・嚴久女院(藤原詮子)被申、・平傳已講第二、次撤硯・圓座、以補任帳置御厨子、頃之左近將曹滋明(三宅)來、告右大臣有召之由、則到陣、右大臣令奏云、內供事思忘不奏、可奏、○僧綱可補內供之由豫有氣色、而思忘不奏、早可候案內者、即參上奏事由、仰云、以阿闍梨忠圓可爲內供者、即以此由仰右大臣、參中宮(藤原定子)、御讀經始也、左中辨(藤原忠輔)付申筑摩(近江)御厨長名簿、仍奏事由、今日被補八幡(石清水)別當朝鑒之、

八日、

九日、播万守相方・伊勢權守經房(源)等雜袍宣旨、奉右大將(藤原顯光)、

十日、下給由(田)上(近江)御網代司小槻重兼死闕替以甲可千秋可補之名簿、宰相中將(藤原道綱)先覽右府、次申云〻、下給出納爲親(卜部)、造茶所請者(去カ)今年析造進御茶析物文、中宮御讀經結願、參梅壺(凝花舍)、女院・中宮出納給、自明日有齋也(石清水行幸)、

十一日、

十二日、有臨時奉幣云〻、是依八幡行幸事、

十三日、今日有調樂事云〻、齋後日行此事之由未所知聞(所未カ)、若依行幸事被立幣使歟、

十四日、參右府、奉所御牒、甲可千秋、

位祿未給及び造茶所の申文を下す

勸學院莊司の殺害日記を奏す

雷鳴御卜の行事を藤原顯光に仰す

天文道變異勘文を上るに依りて御卜を停む

小除目

大宰大貳藤原在國

石淸水行幸試樂

大祓

位記の內外階の誤を訂正せしむ

補御網代司之文、

十月

十六日、去年位祿以三河國正税可充給申文、付藏人辨（藤原）爲任、

昨日左少辨（藤原）説孝、所付故帥中納言（藤原爲輔）後家（藤原守義女）申位祿未給二年幷自（説孝）申去年未給又（文カ）、右少辨爲任、所付去年位祿申文等覽右府、相次奏聞、卽下右大將、又先日造茶所申米文二枚、同下右大將、々々被奏勸學院庄（尾張玉江莊）司被致害日記、又右府令奏給、昨雷鳴御卜可奉仕之由、今朝奉候、而依有所勞、不能罷著陣、他上（卿カ）殆多參入者、被仰如何者、卽奉（奏）聞、依仰々右大將、

右兵衞督相公（源）俊賢、被付周防國解文、

十七日、仰云、昨日雷事可奉付（仕カ）御卜之由、令仰右大將之後、天文道進變異勘文、晴明（安倍）令申云、先々進勘文之時、更無御卜者、依此事可停御卜之由、可仰右大將、卽向陣仰此由、

十八日、被定大貳事、右大臣參御前、有小除目事、大宰大貳（藤原）在國・勘解由長官惟仲（平）□（兼カ）・肥前守維（時カ）（平）將、

十九日、兵部大輔（藤原實成）被聽禁色、今日試樂也、夕（亦カ）可有大祓云々、

右大臣命云、先日東大寺申爵者茨田宿禰、是外階氏族也、而注內、々記誤也、早可令付外字之由（可脱カ）仰內記者、（藤原）中尹不候內記所云々、仍遣仰了、

東三條院筑摩御厨長の申文を上らしめ給ふ

勸學院莊司の殺害日記を檢非違使別當に下す

近江國派遣の檢非違使に供給宣旨を給ふ

犯人平季滿は中宮侍長檢非違使をしてその宅を搜索せしむその身既になし

犯人追捕のため尾張國に官符を下す

廿四日、參女院、下給物部承(永)邦望申內膳司近江國筑摩御厨長息長光保秩滿替文、卽參右府令覽、相次參內、奏事由、被　勅命云、件光保(大字カ)明年可秩滿云々、慥令勘可申左右之由、依被仰蹔可候由、不能令啓案內、(大字カ)仰云、欲下給勸學院所領尾張國玉江庄司被致害日記、遣召右衞門督藤原朝臣者、遣召、卽參入、仍奏參由、下給日記、仰云、且搜伺京邊令追捕、若不得追捕者、可令給官符於國者、卽傳仰之處、令奏□(云カ)、如仰令搜求、不能捕得、重令奏事由、可給官符、又先日入三河國司(布瑠以孝)宅强盜類人、於大和國捕得、依有指申、遣府生飛鳥(部脫)良兼於近江國已了、供給宣旨行幸經營之比、無由奏聞、奉仰欲令給□(者カ)、卽奏聞、依請者、□(可カ)給尾張國官府(符)事、又可隨申云々、

廿五日、於陣掖相謁右金吾(實資)、令奏云、昨日下給日記中、犯人平季滿令尋問之處、中宮侍長者、卽令使等尋其家披(搜カ)檢、已無其(身脫カ)、仍使等參來、申不捕獲其身、亦仰刀禰令守護其宅者、又令追捕之間、遂不得其身者、奏事由之後、可給官府(符)彼(於カ)尾張國由也、卽奏之、仰云、依請、

長德元年

十二月

除籍者三人の籍を復す

闘亂者三人に參對宣旨を下す

廿五日、晩景有召參御前、仰云、周頼（藤原）・朝經（藤原）・相（經脱カ）等依不恪勤、除削其籍已了、今有所思食、後（復カ）優免如元令候殿上者、奉　勅、次申右府（藤原道長）、仰出（藤原）納爲親（卜部）、亦民部少丞後（俊カ）（橘）遠・織部正著信（源）・右近府生紀光方等依闘亂事、令檢非違使召問之事、止召其身、令參對政庭者、同申右府、亦仰右衛門尉輔公（藤原）畢、○コノ條、原ト年月日ヲ續ケタリ、今意ニ據リテ各行ヲ改ム、

長德元年　七月以後

○以上、コノ卷、本朝世紀ニ收ム、

「行成卿記（標紙題簽）　長徳三年 五 六月 秋 冬　略記　三」

「記（小口外題、元包紙）　自五月廿日 至十二月十二日　一卷　年號未詳　不分明ノ部」

〔長徳三年〕

〔五　月〕

藤原廣業勅使として延暦寺に詣す
歸途鴨河汎濫狼藉に遭ふ

（首部、闕ク）申忠規（源）朝臣參入之由、卽奏聞事由、仰云、去十一日藏□（人）（藤原）廣業爲勅使登山（延暦寺）、歸京之間、至鴨河ゝ水汎溢、爲令□（渡カ）迎馬、經廻河邊、于時小舍人暫犾放馬、招渡迎馬之程、此放馬口付指東山走入、須臾帶□（弓）箭騎馬者三人出來、彎弓馳向小舍人、廣業雖□□（加制止カ）欲射□云ゝ、其由可問、卽問忠規□□（仰カ）下手者二人□

下手人を検非違使に下す

法興院釋經

地震

太皇太后の令旨に依りて施藥院の金英膏を出さしむ

强盜追捕の検非違使に祿を給ふ

御物忌

検非違使別當藤原公任の申請に任せ犯人追捕のため官符幷に供給宣旨等を下す

東三條院の奏請により獄囚に假を給ふ

□事、雖從者之下手□食不科責、至于二人□仰此由、亦給下手人、給左衞門尉則(橘)□(光了カ)、

廿日、詣近衞殿、又參院(藤原詮子)、左府(藤原道長)御共詣法興院、暹日釋法華經、

廿一日、去夕候內、今日罷出、終日甚雨、亥剋地震、

廿二日、左府有召、御物忌云々、參門外、以孝(布瑠)朝臣傳命(令カ)旨云、施藥院納金英膏可出、是太(昌子內親王)皇太后宮令旨也、卽向院廳、前屋北庇立床子爲座、□(使カ)□引見第七辛櫃□櫃取□納壺分□

廿三日、遣興福寺□此夜右衞門少尉永(甘南備)□(資)參□(掖陣カ)、□□(捕カ)强盜首ム丸等之由、卽給祿、

廿四日、候內、御物忌也、藏人左衞門尉則光來宿所(作物所北面)、傳左府命云、別當(藤原公任)消息云、□(致高根長)□(正カ)□同類淸□(科カ)宗正・三宅得正□攝津、相次可給官符、若有□被仰、又昨夜永資等捕進□(强カ)盜同類□等爲□(令カ)追捕、差左志錦爲信・右尉永資・志□(伴カ)忠明(信カ)等、下遣近江國、且給供給宣旨、且可被仰隨使觸差副人兵、可令追捕之由、可給宣旨之由、可奏聞、是則右衞門督(公任)所被申云々、卽宣旨下、左大臣・物部大(邦忠)□(史)、則光又傳院御消息云、甲斐守忠規從者日者候獄所、忽有所煩云々、暫可免給假、卽奏、仰

東三條院御惱
藤原道長物忌を破りて訪ひ奉る
勅使藤原行成廣澤に赴き寛朝を請ず
勅使院に參る
寛朝をして御修法を行はしむ
道長病む
勅使行成の勞問
東三條院に行幸の日時を定む
行幸當日
御裝束を供ず

云、早可免給、

六月

四日、或云、左丞相(藤原道長)固御物□(忌カ)、□(然而依有カ)三東條院(藤原詮子)御惱危急、忩參給云々、仍馳□□(御惱カ)甚重、早參內、奏事由、相□由蒙仰、赴廣澤(寛朝)、藏人□御馬、同奏事由令召也、各令乘之□□(命カ)、僧正□(云カ)、勅命不可遁、乃被參、令左衛門尉(橘則光)奏參入由、與僧正相共參院、此間夜曙、

五日、頭中將(藤原正光)爲勅使參院、又仰大僧正(寛朝)御修法可奉仕由、予(藤原行成)自院參內、宿所束帶、著結政、

八日、候內、早朝或者云、左丞相自夜中許煩給、卽奏案內、蒙 勅命就第奉問、復命、

十七日、依仰令晴明(安倍)・□(賀茂)(光榮等勘申行カ)幸東三條院日時、云、今朝(月)廿二日、甲寅、時巳□□御出東門云々、奏聞□仰云、大臣被申依有所□(勞カ)□之由、卽奏事由、仰民部卿(藤原懷忠)、所々饗・裝束・掃治等事、仰大夫史國平(多米)朝臣了、

廿二日、遲明參內、催行々幸雜事、行事源進士(方弘)、召內藏寮官人、預御調度幷夜御裝束等、(脫アルカ)巳二點供御裝束、件御裝束、例御匣殿所獻也、而俄難調獻之由令申、

紫宸殿出御
御反閇
鈴奏
音樂なし

還御
笠を執り置く作法先例に違ふ

藤原公季に任內大臣の兼宣旨を賜ふ
公季里第に於て日時を奏せしむ

任大臣召仰
㢘務

仍仰縫殿、令奉仕也、右兵衞佐時方(源)候之、次御出南殿(紫宸殿)、晴明奉仕御反閇、次闈司就版、少納言鈴奏、今日雅樂寮雖候不奏音樂、是依院御惱、有此行幸之故也、予奉　勅仰左丞相□成、

還御之間、比至上東門□近衞陣執笠、相以(次)殿上人□殿上人皆置笠、近衞陣猶執之、先例奉□(勅カ)□□(大將カ)、ゝゝ亦仰外記云ゝ、而今日左近中將正光朝臣奉　勅仰左大將(藤原公季)、ゝゝ不被仰外記云ゝ、

廿三日、有召、晩景參內、頭中將傳勅、仰左大將、可任內大臣之□(日カ)令勘申云ゝ、

廿七日、詣左大將殿、有召也、被示云、先日正光朝臣有所傳仰、仍令勘、來月(七月)五日吉也、此由可奏、於里第令奏如何、

七月

四日、依勅明日可任□仰大夫史(多米國平)、依左大臣(藤原道長)宣也、剋限□(午カ)・□(未カ)云ゝ、

今日㢘務(廣瀨・龍田祭)、□□(奉カ)勅仰□(左カ)丞相、ゝゝ仰余(藤原行成)、又遣召大外記致(中原)□(時朝臣カ)□、申剋遣□(召カ)左大史國平朝臣仰了、此夜罷出、

五日、丁卯、早朝參入、催行雜事、今日行事藏人廣業(藤原)、所司裝束南殿(紫宸殿)、巳剋式部省立標、藏人丞(橘)行資出自弓場殿、斜行於□所、同剋源大納言時中、參候左仗、即參御前、奏源朝□(臣カ)參入由、勅曰、令作任大臣以下宣命、以大納言正三位藤原朝臣公季任內大臣、中納言正三位藤原朝臣道綱任大納言、中納言正三位藤原懷忠任權大納言、參議從三位藤原時光任中納言等之趣也、□懷忠去正暦□兼左大將宣命載□也、時光參議勞廿二年、權中納言惟仲□(宣カ)命詞、朕□(之カ)外舅云〻、□惟仲轉正、無著座者、忽不可行外記政、仍暫不可轉任也、即著膝突□、□在南座也、□(大納カ)言令召大內記齊(紀)名(平)朝臣仰之、未剋大納言參弓場殿、令奏宣命草、御覽之後被仰云、內大臣先帝(冷泉・圓融)親舅、大納言朕(一條天皇)外舅、其□共外戚也、但親與外若有差別歟、問內記、無殊難者、可□(令カ)清書、即仰大納言、〻〻問齊名、申云、字雖異意是同、□所奉仕也者、即奏聞事由、又清書奏之、未四剋右大將道綱卿以下引著外辨、今日不出御、次近仗陣階下、著□等如□、次掌侍義子(藤原)臨東檻、大納言時中卿參上著兀子、次開門、闈司出、內辨召舍人、二音、□□(稱唯カ)、少納言統理(藤原)參入就版、內□(辨カ)□召、次中納言右大將道綱□(卿カ)・□□(時)光卿・式部大輔輔正(菅原)卿・左衞門督誠信(藤原)・左大辨扶義(源)・右大辨忠輔(藤原)・左近權中將齊(藤原)信等參入、各就版、了內辨召齊信朝臣、稱唯揖而斜行、入自殿東軒廊、昇自東階、立內辨後、長押下、內辨授宣命、件宣命內辨欲參上之時、內記豫所奉、取副笏持之也、齊信朝臣受之、退降立軒廊西第一間、內辨退

任大臣の儀
紫宸殿の裝束
內辨源時中
內大臣藤原公季
大納言藤原道綱
權大納言藤原懷忠
中納言藤原時光
宣命の草を奏す
公季は先帝の親舅道綱は當代の外舅
宣命の淸書を奏す
出御なし
內辨兀子に著く
開門
參入の公卿
宣命使藤原齊信

宣制
任人は拝せず宣命使失儀あり
公季の奏慶
新任大臣大饗の勅許
内大臣以下退出の作法
公季第大饗
公季任大臣後の還昇
小除目
晝御座に出御
御物忌
上卿藤原道長

下、出東二間、斜行就標、訖齊信朝臣出同間、直進南、當宣命版、揖而更西折、就宣命版、揖而挿笏、宣制一段、羣卿再拜、又一段、羣卿再拜、件兩度任人不拜、又欲開(引)欲讀、失也、須臾覺悟卷之、訖經列西□□□了、大納言道綱卿・權大納言懷□(忠)□(卿カ)□□□□(就新任カ)標、再拜僢踏、訖退出□(門カ)外、頃之□□□藏人頭左近權中將正光(藤原)朝臣奏慶由、訖更召、令奏可被聽新任饗祿之由、仰云、依請、卽於陣壁後、仰源大納言、次少納言・外記・辨・史・官掌等列立外記西門以北、辨・史在東、少納言・外記生(○史脫カ)又在左衞門陣屛下、在此末、次內大臣出門立南架西、北面、次出立、東面南上、第一・二人少向辰巳方、取末參議直步(北)行、諸列(外記門)皆北下出也、到左近・左兵衞府門西、夾道立、辨在南、少納言在北、參議以上次第東行、東上南面列立、大臣進東、到參議前許之比、南列辨引渡北、立參議列西二許丈、南面東上、次列於南北、外記・□(史カ)・□□(東面カ)南上立、五位者依位次、大臣未到門二丈許、西向揖、□(諸卿カ)□□□以下次第出、到內大臣東院第、一品□(資子)(內親王カ)東三條宮、□□□□庭中、主人先下立南階西邊、客亭在東放出也、拜禮之後各著座、次第如例、事訖各〻分散、

此日次第可尋書、

九日、內大臣昇殿事、依　勅仰出納允政(惟宗)、爲藏人所小野爲雅(使脫カ)召之、此日左大臣有被定申雜事、其次有小除目、先下給申文八枚、舊吏忠信・永信・――、別功政(源)職・則友(藤原)・――、諸司貞潔・遠高(藤原)(良峯)、仰云、伯耆守淸通(大江)辭退之替、可任人可擇申、頃之大臣令奏申文四枚、貞潔・忠信・政職・則友、出御晝御座、依御物忌、御簾不卷也、召左大臣、〻〻

公季道綱左右大將を兼ぬ
臨時御讀經定
陣申文
相撲召仰
臨時奉幣使定
檢非違使を補す
文章生試判
臨時祈年穀奉幣
宣命を奏す
紫宸殿出御
八省院行幸

參上、召紙・筆、有除目、□(民部卿懷忠カ)□(兼)、・大藏卿扶義兼、・左大將公季兼、・右大將□(道綱カ)□(兼カ)、・□・□(民部少カ)輔淸通・攝津守理兼(藤原)兼、・尾張守知光(藤原)・伯□(耆守カ)政職、

十七日、己卯、昨今有所勞不出仕、早朝藤進士(廣業)以書傳左丞相命云、今日於御前、可被定臨時御讀經事、所煩若宜者可參入之趣也、然而令申未減平之由、不參入、晩景右少辨(藤原)朝經過訪之次示曰、今日被行雜事、右丞相(藤原顯光)就陣給、有申文、左大辨・權(高階信順)辨・文少史(守永)、次藏人辨(藤原)爲任奉　勅、仰大臣令定申臨時御讀經僧名、左大辨執筆、廿一口、不斷云々、來廿一日云々、又有相撲召仰之事、卅日□□(有カ)樂、□(訖カ)又藏人辨傳仰右丞相也、依大□(月カ)□御物忌、延日可被行也、先例依某年□(例カ)可行之由被仰、而今日不被仰云々、傳　勅之人忘誤歟、昨左大臣被定申臨時奉幣使事、來十九日云々、行事郎右少辨云々、

十八日、右衞門少尉藤原陳泰爲檢非違使之宣旨下、東三條院(藤原詮子)被奏云々、

十九日、辛巳、今日八省行幸也、早朝與右兵衞權佐時方(源)同車、參左相府、式部大輔參、申去十七日試判事、丞相參內給、未一剋左大臣奏□伊勢・八幡(石淸水)・賀茂・松尾・春日・平野・□□(大カ)、仰云、□板敷召大內記齊名朝臣、仰此由、暫之令藏人少納言道方(源)奏請書(淸)、次出御南殿、行幸八省、今日左右大將不參、事了還御行事左大臣・右少辨、行事源進士(方弘)、之後退出、

行事辨藤原朝經伊勢幣料の不足に就きて藤原行成に諮る

行事官掌を召す

駿河國の綾を辨進せしむべし

臨時御讀經

金峯山參詣の平惟仲に藏人所牒を給ふ

臨時御讀經結願

未御八省以前、於掖陣下、右少辨朝經云、伊勢幣料已可闕怠、報云、率分下文近江・駿河等國各三疋成了、何國未進乎、此間近江介則忠〔源〕又參會云、使部等昨夕持來率分下文、綾三疋・絹三疋之中、絹令進了、至于綾者忽無其儲者、須猶可進由可示也、然□〔而カ〕［　］〔執カ〕□勤仕之國忽申無術之由、於事可［　］〔右カ〕□少辨令遣召行事官掌〔安倍〕尚貞、仰云、去春越前國所進率分綾、雖奏解文、未納正藏、汝〔尚貞〕知彼國事云々、其辨如何、尚貞申云、去春國司所上送綾五疋、未申收間、依有宣旨、□□〔充カ〕御齋會講師裝束料幷臨時幣料了者、又仰云、至于裝束料者、奉仕彼會行事之時、其宣旨無下、所申不當、又駿河國可進綾已有其數、尚貞亦知其國事云々、早可令辨進、行幸剋限已至、近江國所申、雖不可然、依在前々勤事之國、不［　］了、行事辨又赴八省、

廿日、不參、

廿一日、未一剋參內、臨時御讀經發願、行事右大臣・藏人辨、行事廣業、申剋撞鐘、衆僧參上、廿一口、大般若不斷、平中納言爲參金峯山、申所牒、應聽往還之由也、奏事由、依 仰々出納允政、令成御牒、事了參左府、入夜歸宅、

廿六日、戊子、今日臨時御讀〔經脱〕結願也、詣內相府、先日所被奏越前國申釼宮［　］〔預カ〕□榮爵文、宣旨下令勘傍例、昨大外記致時［　］〔勘カ〕□文出來、先可聞案內之由、前日

道長病む
瘧病の如し
結願に參入の公卿
行香
道長病中の指示
宣旨を史に下す
相撲內取
道長の意見に依りて內取の日を早む
右近衞府擬近奏を進む
御畫聞

有命、仍爲申其由也、次詣左相府、閇西門、御物忌云〻、途中御隨身持逢權中將(源經房)書狀、披見、大殿御心地甚不覺也者、卽招出中將、相逢問案內、示曰、從院出給之間、初如瘧病、煩給之事甚重、今間蹔休息給者、仍爲行雜事、先參內、中途逢甚雨、參內、右大臣・式部大輔輔正、・左衞門督誠信、・左兵衞督(藤原)高遠、・右衞門督(藤原)公任、・右大辨忠輔、・宰相中將齊信、等被候、行香頭中將(正光)立加也、事了亦參左府、民部大輔(源成信)傳御□事、今朝所發動給御病□於中雖無便宜、事已非常、依國司(藤原寧親)催送、中武藏國申平眞行犯狀文事、被命云、早可奏云〻、又被示雜事、示內藏頭(藤原)陳政、山階(興福寺)・春日・木幡等可被奉御祈使事、入夜詣東院、奉謁入道中納言(藤原義懷)、下左大史(小槻)奉親宿禰宣旨、注目錄、

廿七日、己丑、今日相撲內取、先詣左府、召入於簾內被示云、相撲內取明日可被行由、豫所□(承也カ)、□(而カ)依有所勞不可參入、明後兩日御物忌也、今朝泰(藤原)□(通カ)□所惱重由、今日內取不定也者、抑所勞未平復、然而減自昨日、御物忌間御覽內取之事、雖有例、今日御覽有何事乎、以有所勞被延今日、更明日御物忌、强召□(覽之カ)事、不可然歟、早參入奏聞此由、可催行其事者、卽參入奏案內、依　仰事催行、午剋主殿屬晴光(常澄)率僚下引幔、藏人泰通垂御簾、右相撲人等引入西廊、此間右近中將宣方(源)付擬近衞十三人奏、御畫聞了下給、左大將依可

公季還昇の奏慶
左右大將御前に候す
東三條院の御悩に依りて音樂を停む
相撲召合
紫宸殿の裝束
道綱蔭孫藤原兼綱の名簿を上る
道長所労に依りて遲參す

□之遲〻、今日事懈怠、申二剋□（左大將以頭中カ）將正光、奏昇殿慶、去九日被免、以左相撲（人脱カ）入南廊、大將（藤原道兼）依召參候御前、東廂南第二間用圓座、二条關白爲右大將之時、內取同被候此處、相撲了退出、又右大將依召候如左、件座事、源中將示云、先年故左（藤原濟時）大將候簀子敷云〻者、余示云、至于公卿者御座在□（又庇カ）時可候簀子、至于御簾內之時、可用此處也、中將承諾、事了召御前、仰云、可有樂之由、先日所令仰也、而院御悩猶未平愈、令更發給云〻、可止樂之由可仰右大臣者、卽申右丞相了、

卅日、壬辰、有相撲召合事、巳剋參內、見南殿御裝□（東カ）、催行〻（雑）事、母屋南行御簾內可□
□所司誤也、卽召仰令立、仰云、左大臣參否如何、奏云、昨申可參之由、又仰云、六府出居等參否如何、召問外記可申者、卽召大外記致時於射庭殿問之、申云、右衞門佐二人申障、仍誡仰兵庫頭（源）聞、定參入歟、五府無申障者、卽奏此間（旨）、此間左右大將參入、右兵衞佐時方候御榯、此間示左近將監泰通、令申欲出御之由於左府、此間右大將被付蔭孫（藤原）兼綱名簿、故（道兼）二条右丞相三男、將軍爲養兒也、予申□（云、先カ）申左丞相可奏歟、報命云、可然□先例
東宮參上時、宮司・藏人等候右近陣、而無宣旨時、陣官不聽參入、□（相カ）待宣旨事有停滯云〻、今日東宮（居貞親王）可被參上、豫召仰陣官奈何、仰云、早可仰、件依有氣色所奏也、卽仰源中將、參宮啓此旨、此間左丞相被參陣座、召大外記被問諸衞佐參否、次予申有待令參給可出御之御氣色由、大臣被示曰、日者所労、相扶之間遲參也、亦欲候御後、又可出居左兵衞佐（藤原）義理參金峯山云〻、仍可召能（藤原）通之由仰外記了、聞申返事可參上、以此□者、亦此□（次カ）申兼綱

兼綱に昇殿を聴す　殿上簡に付す　出御　東宮參上し給ふ　王卿參上　上卿藤原顯光　出居參上以前に大將相撲奏を奏す　立合　員刺　穀倉院の饗饌　御膳を供ず　東宮に饌を供ず　張筵を撤す

名簿事、早可奏者、卽參上、奏左大臣令申旨、又奏右大將令奏兼綱名簿、仰云、可聽昇殿、
卽下出納允政、依例宣旨書、卽加署了、示藏人少納言、道方、令付兼綱□〔於カ〕札、暫之左大臣
參上、于時出御、掌侍義子・親子□賷神璽・寶釼候前後如例、次參東宮、又左丞相被參、
暫之東宮參上給、大夫〔道綱〕前行、御座西敷茵、用藏人所、此間彈〔爲尊〕正親王被參於南殿北廂、召余被奏云、須
候座、而未著陣座、今日休日也、初著陣座有恙□□〔隨カ〕仰欲候御後、□奏案內、仰云、依
請、卽以仰旨申親王、予先以所菅圓座、敷東宮御座西南柱下、次親王參候、次掌侍親子
□〔臨〕東檻、內大臣依帶大將先參上、此間右大臣被參、予告申今日可召侍從由、暫泰通告右
大臣召、卽參陣壁後、被示有可召侍從□、卽參上候氣色、卽依仰々大臣、々々著陣座、召仰〔行カ〕大外記仰此由、次右大臣以下
參上、大臣仰可召侍從由於外記之後、亦召余可被仰、若初便亦可被仰、爲裝束使之故、而無被仰、但雖無仰、預誡大夫史國平朝臣了、次出居次將・侍從等參上、後聞者、出居未參上前、
大將奏相撲奏云々、有例歟、暫左近將監信眞取版位、次右大臣依仰□〔候贊カ〕子敷、次出居著床子、次左右相撲
長等取員刺并出衣〔居〕座敷之、次□〔立〕合出、員刺出事等如例、穀倉院賜王卿以下饌、內竪益送、
內藏寮羞殿上人饌、
一番右勝、有勅判、持、二番間賜張席於出居座、三番供御膳、右兵衛督〔源〕憲定、御座西立置物机二脚、其上立御臺二本也、年來不立此机云々、誤也、藏
人辨云、警蹕如何、予答可有之由、辨諾、次內藏頭陳政朝臣羞東宮饌、供高坏六本、御厨子所辨備、先年用衝重云々、失也、但不被聽宮殿上之者不益、
次賜彈正尹□〔饌カ〕、□大臣、々々候御座□□〔東カ〕藏人所圓座列座、□〔第カ〕五番之間、所司撤殿張席、左右次□□〔將先カ〕□〔解〕綱持□、寮〔却カ〕參進撤也〔掃部〕、又撤

舉燭　十七番

還御

勝負勅判

左勝つ

出居前張筵并共如例、十番、主殿寮舉燭、自日・月兩華門入、列殿庭、北面、暫十一番、出間立南北行、東西面、十七番、了還御、

一番、左國景、右(眞上)勝岡、勝、勅判、持、二番、左安倍久光、勝、右紀豐信、三番、左厚常、右凡時正、勝、四番、左安曇宗平、右紀時任、勝、五番、左(物部)是信、勝、右三宅元弘、六番、左利信、勝、右(阿閇)行時、七番、左(美麻那)宗光、右(紀)逆光、勝、八番、左武信、勝、右兼時、九番、左(宗岡)貝木、右神時正、勝、勅持、十番、左滋種、右(中臣)爲雄、勝、十一番、左滋茂、勝、右高利、十二番、左高則、右宗近、勝、十三番、左美乃白丁、勝、右公近、○茨田カ十四番、左近江男、右正勝、〻、十五番、左文部茂國、右林助高、勝、十六番、左(吉美侯)常時、勝、右(秦)常正、十七番、左□(御春時正カ)、右越智常世、

左勝七、右勝六、持三、但持皆右勝也、不決一、取手也、

八月

相撲御覧

紫宸殿の装束

出御

東宮參上し給ふ

上卿藤原顯光

出居參上

相撲人の列立

一日、癸巳、有御覽事、巳二點參結政、無史・官掌、仍不就、參入內、所司裝束如昨、但諸衞出居座不立、申一點出御、(藤原)義子・親子等候如昨、暫東宮(居貞親王)參上、彈正親王(爲尊)同參上、次親子臨東檻、次內大臣(藤原公季)參上、兼大(左)將也、次右大臣(藤原顯光)以下參上、義子寄東御屛風南頭、召右大臣、〻〻進候御簾下如昨、次左右相撲長各一人取圓座、敷安福・春興殿廂北第一間、幕外也、左少將(藤原)重家・右權中將(源)經房等、自當座幕下出居、昨右近出居少將(藤原)周賴有所勞不參、權少將(藤原)兼隆不役、(源)方理不參、次左相撲人列立御前、北面西上、上卿仰、

拔出
五番三番の間御膳又東宮に饌を供ず
追相撲
還御
瓜を賜ふ
衡重の調進遲きに依りて內藏少屬を藏人所客座に候せしむ
釋奠內論義
紫宸殿の裝束
御座
大臣以下の座
答者の座
問者の座
博士以下の座
出居の座
大學寮胙を獻ず
博士以下の見參を進む

令西向、次令南向、次退入、仰詞不聞、尋可注、右列立、東上、次第准可知、次拔出、一番、左和迩部久光、右寂手越智常世、手合之間少角力、久光不可敵、然而常世突膝退入、又有仰召之手合、申障退、此間《番》賜王卿以下饌如昨、二番、左利近、右勝岡(眞上)、勝、三番、左維延、右凡時正、勝、四番、左厚常、右逆光(紀)、勝、五番、左武信、右神時正、勝、第三番之間、近江介則忠(源)朝臣陪膳、民部權大輔成信(源)朝臣供東宮饌、春宮大進賴光(源)賜彈正親王饌、

此間追相撲、白丁・陣直如例、追相撲間、所司秉燭、事了還御、五間《番》賜苽、近衞次將只左少將明理(源)朝臣・相經(藤原)等二人也、內藏寮衡重遲持參、仍懈怠也、還御之後、衡重・脂燭等事甚懈怠之由、責行事藏人、左近將監泰通(藤原)也、行事人稱內藏寮懈怠由、召少屬錦時延令候客座、

今夜宿侍、

六日、戊戌、今日釋奠內論義也、可出御南殿(紫宸殿)之由、昨奉左大臣(藤原道長)宣、仰左大史國平(多米)朝臣、又仰藏人廣業(藤原)、令行懸御簾催內侍等事、

辰剋所司裝束南殿、其儀同不出御節會、但御簾內御帳東間逼南立大床子二脚、以爲御座、殊以御圓座置床上、南廂東一・二・三間立兀子・床子、大臣兀子以錦爲褥、參議以床子爲座、爲大臣以下座、西上北面、第四間立床子一脚、爲說者座、北面、藏人預仰召校書殿如意、令掃部寮置之、床子上逼西、可在人左也、其後簀子敷立床子一脚、爲問者座、當公卿座後簀子敷立床子、爲博士以下座、東廂南第一間立床子二脚、爲出居座、

巳剋大學寮獻胙、未二剋明經道就藏人所、奉博士以下見參、一通奉外記云々、此間右兵衞權佐時方(源)

供御裝束、
同三剋左近將曹粟百行來、告左大臣召由、于時候殿上也、卽參向、命云、明經博士等參入之由可
出御
奏、參上奏此由、卽出御、所司供筵道如例、內侍二人候寶劒等如例、供奉女房三人、此間諸卿於壁
雨儀の作法
後著靴、御出由申左大臣、ゝゝ被問云、雨儀如何、申云、雨儀之時、應召參入內竪立軒
廊、西面、又博士等參入、立宜陽殿西廂參上、自餘晴雨之儀無所分別、次掌侍臨東檻、次
參入の公卿
左大臣・右大臣・源大納言(時中)・右大將道(藤原道綱)、・左衞門督誠(藤原誠信)、・左大辨扶(源扶義)、・右大辨忠(藤原忠輔)、・宰相中將齊(藤原齊信)、
出居著座
參上、次左近少將明理朝臣著靴、自日華門參入、著出居座、左大臣喚內竪、二音、內竪等
上卿藤原道長
於日華門外、同音稱唯、別當兵庫允紀有隣(鄰)參入、立殿東南壇下、大臣宣、博士等召せ、
有隣稱唯退出、次博士致明(中原)・助敎爲忠(惟宗)・直講淑光(大江)已上五位、・問者生中原德如・橘良家・中原
博士以下參上
貞淸參入、列立殿東南壇下、大臣曰(日)、博士以下參上、就公卿座後床子、大臣召致明、ゝ
ゝ跪床子前稱唯、西進當問者床子前、中官位姓名、卽再拜、於床子東頭可拜也、上長押上膝行、挿笏
答者著座
取如意、更起摩靴、傍行就說者床□(子カ)、自東頭經大臣座西就也、又大臣召爲忠、又跪座前稱唯、西進當問
問者著座
□(者カ)床子前、中官位姓名、再拜就床子、次致明斷章、云、毛詩、爲忠發問論難義、訖爲忠還本
毛詩論義
座、次致明傍行、還就床子後、跪置如意於床子上、拔笏右廻還著本座、次大臣又召爲忠、
ゝゝ跪於床子前稱唯、到說者床子後、跪膝行取如意、傍行就說者床子、次大臣召淑光、

博士以下退出還御

博士等に祿を賜ふ

上卿の不參を奏せざるに依りて外記二人に怠狀を進めしむ

祭主をして御祈に奉仕せしむ

攝津守藤原理兼罷申

御物忌に依りて御前に召さず

綸旨幷に祿を賜ふ

陣定を行ひ諸國申請の雜事等を定む

々々跪床子前稱唯、西進於問者床子□〔前〕、稱官位姓名、再拜就其床子、發問論義、此間爲忠笏落自腰、在床子下、淑光退後、致明召問者生德如、々々跪〔稱脫カ〕幷職位姓名等同前、次第如前、退、次爲忠起座、傍行跪於床子□〔後カ〕置如意、取笏還本座、次致明以下退下、此間還御、公卿・出居亦退下、藏人廣業率出納卜部爲親、於敷政門內、遣陣官等、賜祿於博士以下如例、用雨儀、

十九日、平中納言〔惟仲〕令奏云、依去十六日仰、彼日及申剋上卿不參由、不令奏案內之旨、令問外記爲成〔宗岳〕、申云、彼日及未三點上卿不參、仍欲令奏事由之處、相門〔林〕申大納言源朝臣只今可參由、仍相待之間、時剋推移、遂不參入、于時惟仲參入、仍不令奏事由也者、　仰云、相門申源朝臣可參之由事、未三剋者、剋限已過未天尓、稱相待可參上卿、不令奏事由之事、其怠在爲成、又相門同雖祗候、不申其由、然則共有其怠、可令相門・爲成進怠狀者、卽仰了、又依　勅、召祭主永賴〔大中臣〕於掖陣下、仰御祈三箇日可奉仕之由、攝津守理兼〔藤原〕朝臣於掖陣下、令奏赴任之由、被　仰可能廻吏術勵節施治之趣、卽給祿、「雖身候殿上、」依　御物忌、不召御前、受領等罷申之者、召御前例也、況其身候殿上、必召之、可賜仰幷祿也、然而依御物忌不召也、

今日左大臣於陣被定雜事、戌剋奏定文、攝津守理兼朝臣申雜事十三箇条、美濃守爲憲〔源〕申請雜事三箇條、伯耆守政職〔源〕申被免異損田事幷故大膳大夫時文〔紀〕後家香子〔藤原〕申事等也、子細見奏文目錄、

興福寺南圓堂の官符を道長に進む

除目召仰

違期參上の出雲相撲人を獄所に候せしむ

宣旨あり

藏人還宣旨

圓教寺會僧名定

除目召名上卿平惟仲

越中國に位祿代を下行せしむ

御忌方に當るに依りて桂芳坊の築垣を明年に延引す

石淸水放生會看督長と東三條院御誦經使の從者と鬭亂す

廿五日、南圓堂(興福寺)官符、爲使小舍人國本、令奉左府、右衞門尉永資(甘南備)取傳獻云々、來廿七日可被行京官除目之由、左大臣被仰下、卽仰物部大史邦忠、又仰左近將監、泰通、

廿八日、右大將令奏云、出雲國相撲近衞出雲盛利偏成遁避、期日以前不參、仍仰國司令召進也、違期參上之輩、計其日可令候獄所之由、已有宣旨、可被召仰使檢非違官使、依請、

依　勅、修理權亮源方弘如舊可爲藏人之由、仰出納允政(惟宗)、

此日召左大臣於　御前、被定圓教寺(播磨)會請僧、依召進紙・筆等、

大臣被奏云、内給豐前介藤原輔藤、々字大間書落、被仰召名上卿令付、卽依　勅赴陣仰平中納言、

差小舍人調爲善、遣越中守業遠(高階)朝臣宅、仰博士致明朝臣位祿代可充下之由、是先日依致明愁申、有　宣旨所仰、其位祿官符日者紛失、今日適求出、仍所遣也、此次亦同示送比(源)朝臣・守隆(源)朝臣・命婦豪子位祿代同可下行之由、

左大臣被奏云、爲義(橘)所申請可修造桂芳坊事、依當御忌方、可難犯土、先修理所々、明春可奉仕築垣等事、隨仰將進止、仰云、依請、

右衞門督(藤原公任)令奏云、去十五日石淸水宮放生會、依例隨彼宮寺申、所差遣看督長愁申、依慮外事、與東三條院(藤原詮子)御誦經使大炊允宇治守信從者相共鬭亂之間、被打損頭之由、仍遣檢非

違使於事發所、令問注之處、守信爲造意首成此事者、守信身已六位以下者、須任法召其身決其罪、然而稱院御誦經使、非經　奏聞、可難進止、隨仰將行、

別當藤原公任造意の首宇治守信の決罪に就きて奏請す

卅日、奏聞、仰云、守信爲造意首之由、有證署者乎、以日記可奏、

問注日記を進上せしむ

九月

五日、右大將(藤原道綱)奏云、去月(八月)廿八日令奏事由、令候獄所出雲國相撲盛利(出雲)、日者有所煩云〻、違期遲參尤可懲誡、但受病於獄中、已及死門者、暫免給身假、令加療治者、今日御物忌、已以陣外、仍令左衞門尉藏人則光(橘)傳奏、仰云、依請、即仰大將、亦仰則光了、

獄所に候する出雲相撲人に假を給ふ

九日、重陽宴也、御裝束如常、書司立銅瓶二口於南廂中央間東西柱下、樹菊也、帋・筆先可置也、而大夫史國平(多米)偏案天曆四年(十月八日)日記誤文、只今(令カ)置內辨前也、

重陽節會紫宸殿の裝束菊花を立つ

裝束司の失儀

御臺盤未出御前可立也、而內膳懈怠、御座定後舁立、仍行事藏人方弘(源)令催釆女可舁立之由、陪膳釆女因幡令申云、御臺盤未出御之前舁立、未召博士等前、陪膳放御臺盤帊、待博士退益供、而內膳遲怠、至今者奉指仰可舁立、若雖(乍)見所司懈怠、直舁立者、釆女等還可蒙失錯者、仰云、此事所司雖懈怠、行事可令催仰也、遲引于今之事、所司・行事共失也、至今者博士退後、臨所司益供之期可立

內膳司の懈怠

出御の後御臺盤を立つ

御硯を置く
外記二人の怠狀を免ず
內辨藤原顯光の遲參
見參を奏す
明日御物忌に依りて還御を早む

歟、因幡又云、例放御臺盤杷之程舁立如何、卽仰可隨便宜之由、御硯置西置物御机、藏人置之、此日圖書寮以蠻繪平文臺立之、而所司失而不置、尋正曆三年例、以晝御座御硯置之也、外記相(林)門・爲成(宗岳)怠狀、誡將來免給之由、依 勅仰平(惟仲)中納言、又仰來十五日丹生・貴布禰使可立之由、卽宣可誡所司之由、卿相著外辨之比、右大臣(藤原顯光)被奏所遣取餝劒遲持來之間遲參、不能候列、仰云、可從掖參上、卽仰此由、未召博士之前、內辨大臣(顯光)下東階、卽申(仰)此旨、大臣又仰大外記致時(中原)朝臣、丑二剋奏見參之後還御、以明日 御物忌也、

旬
紫宸殿に出御
御鎰奏
官奏
一獻の後大宰府より飛驛使來り府解文及び大貳の書狀を進む
音樂幷に庭立奏を停む
還御
府解文を奏す

十月

一日、御南殿(紫宸殿)、行事藏人少納言、(源道方)于時未剋也、大監物輔範(永道)御鎰奏、左大臣(藤原道長)官奏、次出居左近中將正光(藤原)朝臣參上、次左大臣以下參上、次春宮權亮陳政(藤原)・彈正大弼賴定(源)等參上、一獻之後、左大臣於東階令予(藤原行成)奏云、自大宰府言上飛驛使在違(建)春門外、以解文付所司云々、大貳藤原朝臣(有國)同付此使所送書狀云、南蠻賊徒到肥前・肥後・薩摩等國、劫人物奪侵犯之由、逐日申來、仍言上解文者、事是非常也、停樂幷庭立奏等、事了之後、定申解文內雜事等者、仰云、依請、事了還御、于時丑一剋也、頃之左大臣參上殿上、被奏大宰府解文、四通、入筥、件文大臣於陣座披見、令大

陣定を行ひ南蠻人來寇のことを議す
定文の内容

外記致時(中原)朝臣參上殿上、令予奏之、于時上(一條天皇)御朝餉、依仰持參、候晝御座、待出御奏聞、又依仰一〻開解文讀之、仰云、事已急速、須早定申令給報符、卽以　勅旨傳之大臣、〻〻還陣、同三剋被奏大宰府言上南蠻蜂起事、諸卿定申云、如府解者、追討使〻若有其功、隨狀可被賞歟、又可能成祈禱、重固要害之趣也、又申高麗國案內事、定申云、先日言上府解不注到鷄林府成犯者夾名、今日解文已注其名、仍須追討彼成犯則矢(射カ)等類之由、注載報符、亦可給官符長門國、但得其賊者可賞賜之由、可加載狀中、抑件南蠻・高麗之事、雖云浮說、安不忘危、

諸社に奉幣し仁王會を行ひ大元帥法を修すべし

非常之恐莫如成愼、能可被致種〻御祈、可被立奉幣諸社使、行仁王會、修大元法等歟者、依御殿籠不能奏聞、依宿物不持來、申案內於左府、白地罷出、

藤原道長の候宿

此夜左府候宿給、

定文を奏す

二日、雨、早旦參內、奏夜前雜事、　仰云、依定申行之、

道長第作文
詩題
序者大江匡衡

十二日、自左大殿有召、依作文事也、大內記齊(紀)名朝臣上題、寒花爲客栽、以心爲韵、文章博士匡衡(大江)朝臣獻序、

奝然に大宰府解文等を見せしむ

此日奝然法橋來、仍以先日　宣旨之趣問之、仰承申文可進、卽令見大宰府解文・奝然送大貳許文・用銛書狀・祈(祚)乾法師書狀、

先日越後權守則理(源)、所付法興寺尼解付美麻那史、延政、

道長辛埼に於て祓を行ふ
止雨奉幣日時定
赤馬を奉る
丹生貴布禰使
藤原顯光官奏に候す
出御
昏黑に及ぶに依りて延引す
平惟仲觸穢
止雨奉幣
上卿藤原道綱宣命を奏す
使に宣命を給ふ

十三日、左府於辛埼(近江)有祓事、欲詣御共、或者云、此曉出給、右兵衞佐(源)時方、來、同道欲詣、頃之源中將宣方・藏人少納言道方、等來臨、同道、

十九日、平中納言(惟仲)令奏陰陽寮擇申可被奉遣止雨由御幣使於丹生・貴布禰社日時文、今月廿一日、癸未〔壬子〕、時巳二點、若未二點、廿三日、甲申〔癸丑〕、時巳二點、若未二點、仰以廿一日令立、赤馬事令仰左右馬寮、左衞門尉(橘)則光丹生使、文章生廣業(藤原)貴布禰使等事仰了、

此日右大臣(藤原顯光)可被候官奏、酉剋(時)右中辨(藤原)說孝、奏申、御裝束間已及昏黑、出御、說孝奉召由赴陣、頃之又來殿上、以右府命示云、先〻候奏間、自及昏時、供御殿油、而未參上之前供之、可無便宜歟、可候氣色、卽奏案內、仰云、後日可奏云〻、

廿日、平中納言申觸穢之由、仍被仰右大將(藤原道綱)、

廿一日、未剋右大將參陣、仰內記信義(藤原)令奉宣命草、參弓場殿、令予奏覽了、仰云、依案、清書又令奏、返給、訖還著座、令陣官召使〻、卽丹生使則光經敷政門・宣仁門等參著膝突、經砌、給宣命、貴布禰使亦如之、

十一月

賀茂臨時祭試樂
出御
一舞奉仕の人人
舞人の改定
未著座の公卿に著座を促し給ふ
策判
外任の儒者は宣旨に依りて召す例

廿二日、癸未、今日賀茂臨時祭試樂也、早旦詣左府(藤原道長)、頃之參內、酉剋出御、依仰召諸卿、不參者右大臣(藤原顯光)・藤(實資)・平(惟仲)兩中納言也、次又召余(藤原行成)、被仰重家(藤原)・道方(源)可奉仕一舞之由、卽出瀧口廊仰之、先是申剋左近少將相經(藤原)令奏親母病重万死一生不能供舞人由、仰改左兵衞佐能通(藤原)、卽令出納允政(惟宗)傳告行事藏人、〻〻左近將監泰通(藤原)、于時在樂所也、又依仰〻未著座上卿可早著之由、源大納言(時中)・右大將(藤原道綱)・民部卿(藤原懷忠)・太皇太后宮大夫(實資)各申年中無吉日、仰云、令勘日可給(行カ)、式部大輔(菅原輔正)令奏云、來廿五日可行策判事、可召儒信順朝臣(高階)已外任(伊豆權守)也、先例外任之者待宣旨所召也、可隨勅定、仰云、依請、

十二月

御物忌
外記政
日上藤原懷忠
內供忠暹の頓死に依りて東三條院觸穢
穢延いて藤原道長に及ぶ

十日、御物忌也、參結政、有外記政、民部卿(藤原懷忠)爲○上日、南所如例、直日也、參東宮(居貞親王)、雖當直日、依有要事罷出之由、觸右中辨(藤原說孝)、與右金吾相公(藤原公任)同車詣左府(藤原道長)、民部卿・式部大輔(菅原輔正)・宰相中將(藤原齊信)・勘解由長官(源俊賢)被候、頃之右馬權頭時明(源)、以院(東三條院藤原詮子)御書奉大臣、其旨者去夜內供忠暹於宿房頓滅者、大臣今朝被參院、未知其案內以前之事也云〻、大臣命云、早參陣外可令奏事由者、卽參

その由を奏せしむ
勅答
大宰府言上の怪異の文觸穢

左衞門陣外、招式部丞信經（藤原）令奏、信經傳　勅命云、院中非常之穢聞食驚不少、但正朔之間公事繁多、大臣不參候可不便、過明日廻思慮可參歟、以此由可傳仰大臣者、即還詣傳　勅命、大臣被申云、如仰過神事可參、今年正月建禮門穢事不便之由、人〻有所申、又年首觸穢極無便之事也、然而至有　勅命、非可申左右、今明之間、又〻廻思慮、可令奏事由者、余（藤原行成）申云、大宰府所言上恠異事、所司勘申之旨、早可給報符、而今日依御物忌不令奏聞、其文書觸穢、若令奏事由如何、命云、早可令奏、依及深更不能亦參、與藏頭（藤原陳政）（內藏頭）同車歸宅、

月次祭
神今食
道長第作文
詩題
序者慶滋爲政
披講

十一日、月次祭・神今食等事、右大辨（藤原忠輔）相公一人行事云〻、

十二日、夕詣左府、依作文事有召也、題池氷如對鏡、以清爲韵、序者慶滋爲政、

穢を忌まざること及び內親王宣下のことを道長に仰す
宣下の日は御衰日に當らず

十三日、午剋詩等讀了間、小舍人久範來召、左近將監（藤原泰通）仰者、即還宅束帶參陣外、示參由於左近將監、橘式部行資、來、以依召參候之由令奏、頃之傳　仰云、先日觸穢可相交之由、仰遣左大臣許、而可就政之上卿皆以觸穢、年已欲暮、國〻司依公文事各有所申云〻、至今者神事已過、不忌穢如何、又以脩子爲內親王之由可仰者、即詣里第傳　勅命、被申云、左右可隨仰事、又內親王事奉之、即還參、比至匣路（柳筥小路）之間、相府御隨身友（件）成走來、示亦召之由、即還詣之間、聞參院給之由、仍參院奉謁、被示云、內親王事被下　宣旨、若御衰（一條天皇）

東三條院藤原綏子家に移御

藤原行成の方違

脩子を當代內親王となす官符を中務省等に下す

日歟、御衰日依子・午申其由、其次被示雜事甚多、院此夜渡給土御門尚侍(藤原綏子)家、卽候丞相御車後、其後亦參內、于時入夜也、於建春門外招出橘式部、令奏事由退出、依(有)方忌不宿三条、宿民部權大輔(源成信)宅、

以脩子可爲今上(一條天皇)內親王事、依左大臣宣、仰左大史國平(多米)朝臣、內給宣旨、給官符於中務・式部・民部・大藏等省、

敍位議
眞人姓は古來外位に敍せず
王氏名簿
藤氏爵の巡に就きて論あり

「（標紙題簽）行成卿記　長德四年春四月　略記　四」

「（小口外題、元包紙）反古物ら出云々
長德四年　自正月七日至二月廿三日　口歟　自三月三日至四月廿六日　記者未考〔野府記歟〕出不分明中　繼接
墨付十一枚」

〔長德四年〕

〔正月〕

（首部、闕ク、五日ノ記カ）申可敍內階事、致貴（三園）申云、眞人姓自古不關外位、近者先祖是隆（三園）爲官史、敍位之時關內階、邦忠（中原）申云、中原朝臣未給外階、同可敍內階之由也、被命早可奏聞之由、又自式部卿（爲平親王）宮被奉王氏名簿、可奏下、又藤氏爵者延賴（藤原）當巡、同可奏者、令申云、延賴父清平（藤原）、〻〻父望見（藤原）、一□（家　敍カ）氏爵者四人、文利（內藏）者父諸兄（藤原）、〻〻父晴見（藤原）、延喜三年預爵之後未敍、

絶蔭
入眼上卿
左大史に仰せて官掌を召問せしむ
白馬節會
內辨藤原顯光
大藏省申請の祿物文
御物忌に依りて口奏す
外任奏
出御なし
所司奏を內侍所に付す
下名を二省に給ふ
內辨兀子に著く
開門
宣命を奏す

謂其理巡文利可給歟、又命云、延賴父祖共不敍、可謂絶蔭者也者、延賴已不得理、而長（京家長者藤原輔遠）者猶被申受理巡之由、仍重欲令申事由之間、孝道（源）朝臣持今朝所奉勘文來、傳命（令カ）旨□（云、倩見カ）此勘文、文利受理者也、可奏其由、令申如仰可奏、但名簿如何、又被仰云、令書可奏、即參內、□（令カ）廣業（藤原）奏傳（行カ）奏上件事等、廣業示早可仰下之勅命、即令仰入眼上卿、

七日、丁卯、天陰、又晴、及昏遂雨、參內、四位少將（源明理）示云、官掌利茂（尾張）以不仰事、稱明理之仰行之、仍召問其旨、猶陳召仰之由、甚以奇恠也者、即申大辨（源扶義）、又以此旨可召問之由、仰大夫史國平（多米）、了、

未剋右大臣（藤原顯光）被參、依左大臣（藤原道長）不被參入、可被奉仕內辨也、左大史國平朝臣付大藏省請大宰府所進絹・綿充公卿以下祿文、即覽大臣、〻〻披覽之後、被示奏下之間前例如何、即申可被奏之由、大臣許諾令奏、即參御所以詞奏、依御物忌、不奏外書也、仰云、依請、即下奉宣旨、又下國平如例、頃之大臣被奏外任奏、又依御物忌無御出、所司奏可付內侍朩（所カ）、仰云、依請、次掌侍親子候南殿（紫宸殿）、置位記二合、置（行カ）大臣座前大盤上、但解結緒、例也、親子授下名於大臣、〻〻給之二（式部・兵部）省如常、此間內大臣（藤原公季）以下出外辨、近仗陣□（階カ）下、內辨著兀子、內侍臨東檻、大臣謝座參上如常、開門之後闈司出、次內辨退下、取宣命參上、到母屋御簾下付內侍、〻〻轉奏、覽了返給、大臣受□退下、返給書杖復座、次內辨令置位記筥於庭中案如例、召舍人、〻〻

雨儀

樂舞擧燭

手祿料に陸奥臨時交易絹を借用す

叫門、少納言可就版、而遅引、于時大臣仰外記、再三遣催、内竪參上、申云、外辨上卿(公季)被申云、欲列引雨脚已密、仍所遅引也、内辨卽令余(藤原行成)被奏事由、仰云、依請可令改雨儀、此後少納言統理(藤原)進承明門壇上、次第如例、妓女舞於南廂、殿司擧燭立柱下、丑一剋事了、大藏史生成正申云、率分絹可召、而宣旨未下云〻、卽以陸奥臨時交易絹十疋借下、可返納其代之由仰了、

女敍位藏人を補す

十日、庚子(午)、左大臣被參、女敍位如常、此次被定藏人、亦例也、大内記藤原中尹・左馬大允(藤原)行正等也、

藤原行成を從四位上に敍す

奏慶綸旨を賜ふ

十一日、辛未、早朝參左府、藏人辨(藤原)爲任、爲勅使同參會、仰旨敍行成一階也、卽參内、令奏慶由、有召參御前、仰云、從事以後勤功公可稱、爲勵後輩、臨時所敍也、

御齋會結願公卿大極殿に著く

出居

五位の丞は輔の座に列する例

東廊の饗饌

大辨の座に立つ机の數に就きて論あり

行成の見解

十四日、甲戌、天晴、午剋參左府申雜事、蹔之參内、未剋參八省、搥鐘之後、内大臣以下參議以上十一人、著大極殿、出居、右少辨(藤原)朝經・少納言(源)伊頼朝臣、少外記(宗岳)爲成・右少史博信等同居、先之行事權左中辨(源)相方、稱源大(時中)納言於陣有召之由、起座退去、上達部入堂之後、彼是相共於殿欄干見物、式部大丞(藤原)有家朝臣就座、五位須就輔座、輔著辨・少納言之列並例也、而誤就六位座、史下、右中辨(藤原)説孝、密令使部示告、仍更就五位列、事了卿相還著廊座、先是厨家(太政官)辨備饗饌如例、一獻源少納言伊頼、二獻藤少納言統理、先是右大辨(藤原忠輔)忠、退、□(自カ)北座就南座、幕南大辨座也、見申文、訖還入、次左大辨扶(扶義)、亦如此、權辨(相方)云、大辨座机二前可立、是天延三年例也者、右中辨同此説、余云、彼年有非參議大辨(藤原爲輔)所立歟、至于左

申文
年分度者文
僧交名
加供文
粉熟を居う
布施堂は年來雨儀を用ひ小安殿に著く
右近衞陣の饗
紫宸殿の裝束式の如し
內論義
僧に祿を給ふ
踏歌節會
不參の公卿多し
內辨顯光

右共爲參議之時、猶可立一前也、著座見申文之時、無共居之儀之故矣、右中辨又承諾、左大辨還北座之後、左少辨爲任、云、申文遲〻、左大史奉親(小槻)宿禰云、申文史無氣色、不參進云〻、有氣色之後、史晴光(常澄)參入、申文、件文三通年分文・夾(僧)名・加供文等也、除度者文之外付內侍所云〻、一獻供粉熟、三獻藏人少納言道方(源)、四獻權辨、次內大臣以下就布施堂(昌福堂)、年來不行晴儀、於小安殿有此事、初三度拜置笏、而右大辨犱笏拜、次一拜犱笏可拜、而不執拜之云〻、宰相中將齊(藤原齊信)、所被示也、事了大臣以下就右近陣、例也、一獻之後余起座、參上殿上、見御裝束如式、只机南北立燈臺二本、行事泰通(藤原)云、依仰事立也、式雖不存、入夜之時、尤可有此儀也、頃之泰通就膝突召諸卿、上卿召外記、仰法師等可令參之事可仰陣之由、出居參上、次諸卿參上、次諸僧參上、問答等事了、內大臣於殿上東戶犱祿給僧、次第如此、子四剋事了退出、

十六日、節會、未剋依　勅見上卿參否、只宰相兩三參入、上卿未參、召外記爲成、問納言以上申障否、申云、皆申障、只藤中納言(時光)未被申者、即奏事由之間、中納言參入、臨昏大外記致時(中原)朝臣申、依右大殿門召參彼殿、已御物忌也、然而他上卿不參者、可參給之由有仰、仍參入、他上卿不被參、即令申事由了者、相待之間、爲成參掖陣下申云、依大夫外記(致時)記仰、詣右大殿令申事由、被仰云、今日相當物忌、又有所勞、不能參入、但若有指召可參入者、即奏此旨、仰云、早可遣召、即仰外記了、暫之被參、時亥二剋也、即被奏參入

御物忌に依りて出御なし
大藏省申請の祿綿文
一上不參の時は以次公卿之を奏す
賭射出御
日上藤原道長
左兵衛府射手の所労
左兵衛佐藤原能通を召問せしむ
小員に依り左勝つ
左方龍王を奏す
還御
春日祭使障を申す

之由、仰云、依御物忌不出給、任例可行、暫之被奏大藏省請祿綿文、〈一上不奏、以次上卿奏之云々、〉宣下、〈下中原大史、邦忠朝臣、〉藤中納言以下引就外辨、内辨著兀子、掌侍菅原芳子候南殿、節會如常、〈左近將監泰通行事、〉丑剋事訖、

十八日、賭弓、未剋出御、〈服御麴塵袍、〉左近中將正光（藤原）朝臣依仰召公卿、頼親（藤原）朝臣仰、懸的、一度終頭所司秉燭、左大臣爲日上、〈左大將（公季）有障、右大將（藤原道綱）參入、〉二度、右近將監大春日春延申障之由、被奏、有勅許、左兵衛府射手大志𡋽部榮輔也、而府生猪使氏胤參進、民部卿（藤原懷忠）令召問其由、〈左大臣暫起座之程也、〉府令申云、榮輔忽有所勞、欲令申障由之處、佐能通（藤原）白地罷退不候、依被仰次遲之由、氏胤所參進也、民部卿被奏事由、仰云、榮輔所勞見在レ可免其障、但佐能通不候之由可召問、一度左勝、小員二、二度持、三度右勝、小員一、依度數持也、然而依小員左員一也、左奏龍王、事了還御、時子四剋也、

二月

六日、乙未、候內、左大殿（藤原道長）門給書云、春日祭使周頼（藤原）申障、奏事由早可誡仰可然之人、雖有勘當、至于周頼難供奉歟者、卽奏聞事由、仰云、以可然之人可遣、卽詣彼殿申此由、遣

代官の人々或は假文を奉り或は所在不明

外記をして先例を勘申せしむ

勅答

社頭の諸大夫を代官となす

列見

東三條院後院別當に源國擧を推擧し給ふ

後院別當は定數なし

東三條院石山寺行啓

供奉の公卿

諸卿列見に參入す

召左衞門權佐允亮(惟宗)・大尉忠親(藤原)等、卽忠親申云、參來今朝有犬死穢奉假文、又允亮參來、申有服親假之由、女子、二人所申揭焉之障也、大臣命云、先例如何、申云、如此俄申障之時、於社頭以參入大夫爲代官、非無先例、重被命云、早參內、遣召右兵衞佐時方(源)・兵庫頭聞(源)等可仰、卽還參奏事由、遣召時方等、及深更不參、相待之間使小舍人還來、申不能尋逢之由、此間外記守成(能登)來、示左大臣御消息云、令召代官人々、若遂不參者、先々如此之時、被行之例令勘申可奏聞者、卽奏案內、依勅仰守成可勘先例之由、內々示可勘天元五年(二月二十一日)例之由、暫守成取彼年日記幷貞元以來件祭日記等參腋陣、令藏人行資(橘)奏之、勅曰、可爲代官之人或所申障揭焉、或使者不能尋得、縱及明日有參入之輩、相計行程、祭時難到著歟、依前例可令參社頭大夫行之由、早可遣仰者、守成奉仰退出了、

十一日、列見也、早朝參女院(藤原詮子)、令啓一昨御返事、其旨備中介國擧(源)申後院別當事也、前日被奏事由、御返事云、只今所在別當已有其數、仍不能補給云々、而又被奏云、件院別當非有定數、增減隨時、於被補給有何難哉、又被啓雖無定數、可難過七・八人之由、令奏之旨甚雖懇切、猶有難澁之御氣色、午剋參給石山寺(近江)、左大臣・內大臣(藤原公季)・平中納言(惟仲)・宰相中將(藤原齊信)・勘解由長官(源俊賢)御送、但中將・長官依可參官、於二條末河原下馬候、過御車、與勘解相公(由脫カ)共載中將車、自中御門參官、此間左大辨(源扶義)同到會、余(藤原行成)自春華門參內、諸相公皆被參官、未剋

晴儀
穏座
藤原行成石山寺御修法料物のこと等を出納に指示す

圓融天皇御忌

園韓神祭の式日に當る國忌を置かざるも同日の神祭を憚る

園韓神祭を延引す

装束式の如し
陪膳行成
內膳司は御膳御厨子所は御齋食を供ず

出御
參入の公卿

呪願參上

佛供を分つ

御齋食
御湯を供ず

自內著官、晴儀也、列見事具記列見・定考事卷中、穏座裝束之間參內、于時戌二剋也、仰出納允政(惟宗)來十三日於石山被行御修法析雜物事、又一宮(脩子內親王)來十五日出給、御乳母被物等事、又遣召光榮(賀茂)參否之由、同問允政、申不參之由、重仰明朝可參之由、

十二日、御國忌(圓融天皇)也、午一剋參內、少外記宗岳爲成參腋陣、申云、今日園・韓神祭分配上民部卿(藤原懷忠)也、夜前令申案內、被申云、當御國忌、爲之何云〻、余示云、件祭有三丑之時用中丑、又用春日祭後丑、但諸祭當國忌日之時延其日、但今日不置國忌、只有御齋食許也、只被行祭事何如、抑尋先例可申行、若上卿有所被申、將以奏聞、爲成退歸了、卽參上奏事由、國忌日有限、至于神事、延以後日行之例也、仰旨如所案、後聞、先年依當神事、以國忌便被□(付カ)寺行之云〻、非穏事、其年可尋、(長德二年四月二日)

未一剋式部丞行資、令奉仕御裝束、如式、余陪膳、先昇御臺盤、無臺、立東廂南第三間、南北妻、供內膳御膳、三十種、但加御□(汁カ)物一種、次左馬頭相尹(藤原)、執打敷授余、是御厨子所御膳也、衝重廿合、次第供之、次弘(藤原義子)徽殿女御又供之、殿上侍臣經東簀子敷渡北、狣之傳供、高坏廿五本、次昇立呪願僧前机二脚、次居公卿以下前物、訖出御、召人、行資參、奉仰召上達部、右大臣(藤原顯光)・內大臣・左衞門督誠(藤原誠信)・左右大辨扶・忠(藤原忠輔)、・宰相中將參上、次權大僧都覺慶參上、依仰召施食・御坏、人〻云、先召行水云〻、然而至于陪膳所不知也、召御坏之間、行水者他人可役也、先分佛供、次施食、主上(一條天皇)先令分給後給臣、仍挾分物之置之、次御齋食之後、召人令供御湯、先供僧、次供御、此間右大臣被示可然物依例可給僧之由、如此事有指仰可爲

之事也、至于無御氣色何有申行、事了咒願僧退下、次入御、次上達部退下、次召人仰、〔還御〕御罷、先罷内膳、次御厨子所、次女御所供弁僧前、同遣咒願僧都房、次舁御臺盤退出、〔御膳等を撤す〕令改換御裝束如常、

〔脩子内親王職曹司より退出し給ふ〕〔扈從の殿上人御乳母の被物〕十五日、此夜女一宮出給式御曹司、依 勅遣召殿上人、令候御共、内藏頭陳政(藤原)朝臣・彈正大弼頼定(源)朝臣・左馬頭相尹朝臣・右近中將經房(源)朝臣・太皇太后(宮脱)亮乘方(源)・右中辨説孝(藤原)・左少辨爲任(藤原)・少納言伊頼(源)・阿波權守(丈部)濟政(源)・讃岐介至光(源)・式部丞行資・主殿助泰通(藤原)、乳母各被物、白細長一重・茜染袴一具、件物一昨有仰事、仍以藏人所絹・蘓芳等、下給内藏允保實令調、物五具也、

〔外記をして讃岐權掾額田連光の任日を勘申せしむ〕十七日、權少外記宗岳爲成勘申讃岐權掾額田連光任日、正暦元年八月任、同年十一月十九日任符出、件連光者土左國所貢相撲近衞也、而修理職申爵者、若以同姓名者所申歟、尋問可申、奉 勅命、先問案内於職大夫(藤原懷平)、示送云、去正暦元年以盛明親親王給、〔親王給〕被任讃岐掾云〻者、卽申左府、亦奏事由、令勘申也、此間或説、先〻相撲人敍爵之由、先年被尋、已無其例云〻、〔相撲人敍爵の先例なし〕但御手代利門冒名字、稱利門給官、廿二日、依職申、以綾成光敍外位了、長保五年九月廿六日、依八幡石清水宮申、以連光敍外從五位下國用、云〻、其例不穩、況敍爵事如何、隨勘申、卽奏案内、連光敍爵不許、九月〔連光に敍爵を許さず〕〔後日の裁可〕

〇傍書幷ニ分註ハ追記ノ勘物ナルベシ、

〔直物〕〔同勘文を奏す〕廿三日、壬子、直物也、左丞相於陣被奏去正月除目可削改字誤等勘文、仰云、依勘文令改、〔院宮御給申文等を下し給ふ〕暫之被下院宮御給幷公卿給申文・舊吏幷別功之者・申攝津守文等、暫大臣被奏申文、舊吏四枚・別功一枚、典雅(藤原)・棟世(藤原)・方隆(藤原)・滿正(源)・別功光尹(藤原)、又別副前丹波守貞嗣(藤原)・山城權守爲紀(菅原)申文、其詞云、被下給申文之中、臨時依

上卿藤原道長御物忌
外書は別書して奏すべし
直物幷に除目の清書を奏す
二省を召し召名尋で直物を給ふ
藤原元子内裏に參入し給ふ
輦車を聽す

恩雖被任、不可有難、二人之中文相加奏也、但非入擧、次召大臣爵於御前、東廂座如例、用所菅圓座一枚爲座、依御物忌、不卷御簾也、次召紙・筆等、暫大臣召予、被問中宮(藤原定子)當年御給・一品宮(資子内親王)去二年給未給名簿奏否之由、雖自本宮被進、依外書不能奏之由申之、又仰云、別書名簿可奏、事了退下、直物幷除目清書等被奏、次召二省(式部・兵部)給召名、式部丞擧任・兵部丞永光、二省退出、又召給直物、主水正藤原保命元大舍人允、・攝津守藤原方隆元備後、・左兵衞少尉平(源)朝親東三条院去二年御給、・從四位下源爲親肥後功、・從五位上源滿正武藏功、・藤原惟親下總功、・同爲政丹後功、・從五位下源經頼中宮當年御給、權大夫(扶義)男、・清原惟方一品宮去二年給、元内舍人、此夜承香殿女御(藤原元子)參入、手車輦御上廬、懷任(妊)被參也、

御燈
御物忌
御祓
藤原道長病む
腰病
邪氣の所爲
道長藤原行成をして出家の素意を奏せしむ

三月

三日、去夕候宿、今明御物忌也、巳剋有御祓、宮主(卜部)兼延宿禰奉仕、或者云、左丞相(藤原道長)俄有煩給、卽與藏人辨(藤原)爲任・同車詣相府、逢民部大輔(源)成信、問御惱體、示云、腰病、邪氣所爲也云〻、此間(平)季信朝臣告示老尼被重煩之由、卽詣近衞殿、女房等□(云ヵ)、今間邪氣移人頗宜、暫間歸宅休息、又詣近衞殿奉問、如今朝云〻、又參左府、與右少辨(藤原朝經)同車、相謁左大辨(源扶義)、亦令申事由、依有教命入簾中、丞相被命云、年來有出家本意、斯時欲遂云〻、此次有多雜事、依御物

勅答を賜ひて許し給はず

度者の先例

道長に八十人を給ふ

勅使行成綸旨を傳ふ

道長の奉答

行成之を奏す

又勅答あり

道長は外戚の親舅朝家の重臣にして天下を燮理し一人を輔導す

再度慰留し給ふ

忌、爲候宿參內、休息宿所、(作物所北面)人定之後、權中將(源)經房、遽來云、相府御消息云、可遂出家之由可奏者、卽問(令)剋限、右衞門尉(藤原)行正、示丑一剋也、卽參上夜大殿、□典侍奏事由、依勅入自南戶候御帳坤□(下カ)、□(仰カ)云、丞相所令請出家事、功德無極、依成妨礙可畏罪報、然而病體邪氣所爲云々、道心堅固必可遂志者、病惱除愈心閑入道如何、罷向彼家可仰此由、又爲除病延命欲給度者、先例其員幾許哉、卽奏貞觀(十四年二月九日)年中(藤原良房)忠仁公爲外祖父攝錄(籙)之間、重有所煩之時、給八十人、仰云、彼例不可因准、然而殊有思食、欲給八十人、同可仰其由、卽束帶、與中將共詣彼殿、令左大辨傳申爲御使參來之由、大辨還報、延入簾中、母屋几帳內、丞相寢所也、卽傳　勅旨、復命云、勅旨敬奉、不可遁申、但出家之事、依年來宿念可遂也、以不肖之身、蒙不次之恩、已極官爵、見世無望、今病已危急、不可存命、此時不遂本意、遺恨更有何益、縱雖出家、若保身命、非可晦跡於山林、只思後世之善緣(結)也、亦爲奉(大字カ)報朝恩、可奉祈天長地久之事、生前蒙無涯之恩德、向後亦欲蒙無涯之恩、生前本意病中欲遂、寂後朝恩美賜□(允　許カ)、早還參可能奏者、卽亦還參、令頭中將(藤原)正□(光)、奏此趣、時丑四剋、依御物忌不能參上也、暫之中將傳　勅云、所令申旨具聞食之、尤可然也、但外戚之親眗、朝家之重臣、爕理天下、輔導朕身之事、當時自非丞相、在於誰人哉、今聞丞相之篤疾、歎息無□、病惱之體邪氣有疑、已非經數日甚以重困云々、縱在邪氣□(之カ)所爲、於遂本意有何事乎、然而能廻思慮、重可申請、其時將仰左右之由者、亦還詣申報

勅之旨、重被示云、勅命極貴、不可遁申、但所煩倍、自是可遂本意之由、可令重奏、此間藏人辨又爲御使參向、事旨同前、

勅使藤原爲任の參向

五日、仰云、爲大臣除病延命、令天台座主(遲賀)修不動調伏法、遲賀申障、因令法性寺座主覺慶修之、自明日奉修之、析物宣旨色目在目錄、

道長の病に依りて覺慶をして不動調伏法を修せしむ

勅曰、可令勘申未斷囚人、卽仰右大臣(藤原顯光)、〻〻轉仰、因可召檢非違使之由、仰左大史奉親(小槻)宿禰、

未斷囚人の勘申

酉剋左衞門大尉忠親(藤原)朝臣參入候、卽申大臣、仰云、可令勘申、先例或有內侍宣、〻〻〻藏人仰也、或有別當依內侍宣仰、或上卿仰辨、〻仰史、〻召志・府生仰之、或大臣召官人仰、或上卿仰辨、〻仰□(尉カ)、□所稱皆雖爲一使、至于五位以上者、辨可召仰之也云〻、

檢非違使に仰する手續

大臣被奏臨時仁王會日時・僧名文、十八日、丁丑、時云〻、廿六日、乙酉、時云〻、(本書付爪注、(傍書勘物)) 撿挍・行事文奏下、但行事文先〻不被奏、大臣卽留筥、以四通文給下、一〻下給結申、撿挍・行事文乍入筥直所□(下カ)給也、而今給之、仍結申也、就床子下文大史、守永也、先下日時・僧名、次下行事文、件文專所不辨下也、然而依上卿下給、下之史也、至于一度不下、□□(例カ)也、史結之、仰日時、又仰若辭退之輩、三日以前可進辭狀、若積習常例、當日辭申之者、重可誡將來、

臨時仁王會日時僧名定
爪注
行事文も奏す
文四通辨に下す
結ね申す
豫め請僧の懈怠を誡め給ふ

又依　勅仰大臣可被行臨時金剛般若御讀經僧名可定申、依諸道勘申、爲攘灾殊(所カ)可被行也、大臣令右大辨(藤原忠輔)書僧名、又令陰陽寮勘日時令奏、廿口、勅曰、自十一日可令轉讀、

金剛般若御讀經日時僧名定

左大臣差右近權少將兼隆(藤原)、獻第二度表、請內外章奏停觸之臣、左右隨身返之本府云〻、傳取　奏聞、依　勅下右大臣、

第二度上表

勅答を賜ひて許し給はず

仰不可許所請、可給勅答、大臣卽召仰大內記齊(紀)名、依可被上表云〻、豫令召候也、

検非違使別當輕犯未斷囚人勘文に嫌疑者等を注載することの可否に就きて奏す

亥四剋忠親朝臣來腋陣、傳別當相(藤原公任)公消息云、輕犯未斷囚人所在只三人也、依恩原免、其數非幾歟、觸强竊嫌疑幷鬪亂事等、所召禁者十三人也、相加被免如何、亦淸水寺僧忠蓮連內記史生國珍僞作位記之事、所令召候、事旨已非重過、殊可原放歟、可候御氣色、但至于注載嫌疑之輩者、又候案內隨仰可進止也、宣旨所指可勘輕犯、非候氣色、輙難注申者、卽參上奏案內、仰云、依請可令注申、卽仰忠親令注載勘文、奉覽右大臣、卽被奏、仰云、

勅許あり

廼者左大臣有病不出仕、殊免輕犯之囚徒、將期痾恙之除愈、卽仰大臣、〻〻亦仰予令傳(藤原行成)

原免宣旨は上卿宣下すべし

勅答の草を奏す

御畫日なし

清書を奏す

忠親、後日忠親來者云(示カ)、至于勘文、依內侍宣幷辨官仰奉之、原免宣旨大臣可被仰下也者、大臣於陣被奏勅答草、仰云、依草、但勅答非御畫日之由可令仰知、天德四年十二月廿九日勅書(皇子昭平ニ源姓ヲ賜フ勅書)、令內記便書日、康保三年三月二日勅答(右大臣源高明ノ上表ニ答フル勅書)、非御畫日之由、見件年〻御日記(村上)、暫之奏淸書、卽令左近少將(源)明理朝臣遣之、于時子剋、

勅答使源明理里第の儀

勅答使に祿を給ふ

予參彼殿、依四位少將(明理)示無乘物之由同車、勅使詣相府、令家司奉勅答之儀如例、卽於西渡殿儲勅使座、右近權中將經房出逢拜舞、代主人也、次撤倚子、於平座取祿授勅使、拜而退出、同車如初、

宣旨に依りて寛朝內裏に候す

供料

六日、自今日大僧正寛朝、候內、依有　宣旨也、藏人行正召仰內藏寮奉請奏米十三石、充僧正供料也、

金剛般若御讀經
道長第三度上表
勅答を賜ひ內覽幷に隨身を停めしむ
勅答使藤原正光
金剛般若御讀經二箇日延行
道長季御讀經定のこと等に就きて奏せしむ
季御讀經定は藤原顯光に仰すべし
脩子內親王內裏に參り給ふ
延曆寺根本中堂の御諷誦
行成の修法造佛
金剛般若御讀經結願
外記政
南所申文

十一日、金剛般若御讀經發願、不斷、

十二日、左大臣重遣民部權大輔成信朝臣上表、依仰召平中納言（惟仲）、仰可令作勅答之由、不許辭大臣、可停先見奏宣文書幷左右近衛隨身者、納言仰大內記齊名草勅、豫所令召候也、奏草・淸書等如例、差頭中將遣之、

十三日、被延御讀經二箇日、詣左相府、被示云、季御讀經事、仰他上可令定申之由可奏行、亦爲除病賜度者之事、無極悚悅申之間、被行修善事有感應、頗得平愈、又上表所請三事之中、被免其二、件等悅悚、早參可入令奏聞也、而病雖減損、餘氣猶在、行步難堪、不能早參、悚畏申之由、伺縱容可奏者、

十四日、左大臣令申之旨、具以上奏、御讀經事可仰右大臣者、又仰云、一（脩子）內親王今夜可參云々、始自今日限百箇日、於天台山中堂（延曆寺根本中堂）被行御諷誦、析布俄以相違、仍借前信濃守（佐伯）公行朝臣布、依借送仰橘式部（行資）令上送座主許、抑件代成宣旨可返補之由、示送公行許也、

始自此夜、令圓證阿闍梨修不動息灾法、又可奉造等身不動尊之由、示佛師康尚、

十六日、御讀經結願也、與藏人少納言（源道方）同車參內、於外記乾角垣（門脫カ）下、召使出立、政了上卿就南所之也（程脫カ）、右大辨南行、予卽立加、依例於南所門下、辨候申直儀如常、藏人少納言入所、自余與左少辨（爲任）相對立之中欲入、而依左少辨説、自予後入所、件道自五位辨後可經云々、直申之後、次第入就座、史元倫（和氣）申文、此間余心神乖和、

行成氣上る本尊を念じて平復す

南所より參内の作法

臨時交易絹を布施に充つ

發願の導師觀教の不覺

出居次將不參

藤原齊信の意見

鐘を搥つ

結願の導師定澄

臨時仁王會　檢校　行事辨　呪願文の作者

道長藤原兼隆の舞人辭退及び呪願文改訂のこと等を奏せしむ

如欲氣上、甚依難堪《レ》、示事由於左少辨欲退出、少辨云、無例先如何《レ》、蹔念不可立、此間深念本尊、有頃平復、食了入内如常、次第入於左衛門(外記門)陣之間、權中辨相(源相方)、來會、問左少辨云、相共可入歟、少辨云、自南所入内之時、辨・少納言立加之事、先例無見云々、卽權辨自左兵衛陣内北去、自餘就腋床子如例、參上殿上、于時午一點也、仰云、以臨時交易絹可給僧布施、僧綱二疋・凡僧一疋、又發願日御導師法橋觀教甚不覺也、仰令律師定澄奉仕、奏云、觀教已僧綱、能誡仰令奉仕何、仰云、本自不習之者、縱有誡仰忽難奉仕歟、猶可令定澄奉仕、又剋限已至、可令搥鐘、申云、出居次將未參、仍遣召正光朝臣、令申只今可參之由、相待參入可令打鐘也、依仰相待之間、宰相中將(藤原)齊信、示云、去年可出居次將一人不候、以齊信祇候、雖出居不候、被始行訖、今剋限欲過、依去年例申行乎者、卽奏事由、依仰令搥鐘、僧侶參上之後、至殿上東戸、仰威儀師觀峯可令律師定澄奉仕結願御導師之由、又發願事趣同令仰知、事了僧侶退下等如例、此後候御前、被仰雜事、亦奏聞、

十八日、午臨時仁王會也、撿挍平中納言・左大辨不參、・行事權左中辨、相方、呪願作大内記齊名、早朝參左相府、有召也、依御物忌、於門外令公行朝臣申參由、卽傳命云、兼隆舞人此度(石清水臨時祭)可難奉仕之由可令申、以兼隆詞可奏者、又仁王會呪願有可改之文、二所、又延喜八年(六月二十二日)有廿一行、其後不行、因不吉例也云々、此由示行事辨了、又早奏事由可令改御殿呪願者、卽還參、先奏少將令

藤原道兼の薨後は萬事道長の指麾に從ふ
鐘を搥つ
威儀師觀峯
雨儀
檢校平惟仲の失儀
堂童子に四位を加ふ
廻請を本所に付するは違例
老尼病む
行成の見舞
教靜の小祈願
賀茂祭使雜物中文等を行事藏人に付す
行成石清水臨時祭使を辭す
石清水臨時祭試樂
舞人五人
陪從十一人

申障由、贈太政大臣（藤原道兼）不侍之後、万事随左大臣之指麾、而大臣所悩頗雖平愈、猶未尋常之間、於奉仕非無事憚、但奉案内可用意之趣也、仰云、所申可然、可召道方、又奏咒願文事、仰云、相方朝臣參入之次、仰可改之由了者、

未尅搥鐘之後、良久僧等不參、問威儀師觀峯、〻〻申僧侶不具之由、有頃平中納言從八省入内、此間甚雨、〻儀入内之時、自中隔經東陣（宣陽門）云〻、而經月華門、非例也、納言稱有先例云〻、甚謬例歟、堂童子五位不足之由、行事泰通奏之、有　仰差加四位一人、

今日會廻請各付本所、違失之甚、衆人不甘心、

廿日、老尼御悩危急、自近衛殿告來、乍驚馳詣、女房等云、夜部甚重坐、今間雖重猶自夜〈小輕也云〻、教靜上人成小祈願、頗輕坐、然而非可馮、仍爲申臨時祭（石清水）使之障參大内、先參左相府、令覲修僧都申雜事、報命之子細不記之、因密事也、令人傳申、以御物忌也、又令民部大輔申依病者之危急、祭使事可申障之由、民部少輔清通朝臣（大江）傳江典侍消息、（四月二十一日）賀茂祭使雜物中文等事也、即報可付行事藏人之由、參内之次預橘式部訖、令頭中將奏障由、即被仰兵部大輔實成（藤原）了、欲退出之間、有蹔可候之仰事、此間催御裝束事、依召參朝干飯、候御理髮了、令催舞人等、暫之進見參、〻〻者舞人五人、成房（藤原）・宣孝（藤原）・伊頼（源）・行正・行順（橘）、陪從十一人、行成内藏助、依忌日不參云〻、舞人五人申障者、即依仰令召、酉剋舞人等參入、予於射場召左大史國平（多米）朝臣、仰雜事之間、頭中將被示云、召

舞人を召す先例

藤原公季越前劍神社神主申請の榮爵文を行成に付す

道長行成をして闕國能登守の補任及び陪從の障を免ずべきこと等を奏せしむ

施藥院別當を補す

行成宣下の文書の案內を道長に披陳す

藤原公任檢非違使勘注の申詞記を奏せしむ

陪從藤原說孝を召問すべし

舞人等之事可遣六位歟、即報奉　勅之人召之、先例也、中將不渡御前、更自南殿(紫宸殿)廻於瀧口召之、人々解頤、此間罷出、參左府令申案內、次詣近衞殿、御惱頗有間、仍白地歸宅、

廿一日、早朝自內相府(藤原公季)差行則有召、即詣、被示云、兵部大輔使事(石清水臨時祭使)所忽不合之由、申置雜事退出、又被給神祇官申依恩詔幷諸社例、請坐越前國正一位勳一等釼大神宮神主伊部守忠被關榮爵文、先申左府可奏者、詣近衞殿、病者甚不覺之中、有邪靈之氣、即詣左府、奉迎觀修僧都、欲奉令護身、此間又詣左府、被問病者之體幷日來擁積雜事、亦能登守有闕、早可任其替人之由可洩奏、所勞雖愈不堪行步、不參入之由同可奏、亦臨時祭(石清水)陪從說孝(藤原)右中辨、觸穢申障、而不被免云々、於事無便之由同可奏者、又執申施藥院別當致時(中原)朝臣任信濃守、未補其替、依例以大外記善言(滋野)朝臣、可被補之由、依請命云、早可仰下、即仰左大史國平朝臣、又申先日被下宣旨等案□(內カ)、(大和)壺坂寺申返上燈分稻請鳥居內田文仰云、件田何處領哉、可令尋勘、・兵庫寮注進朝拜雜具被盜取文幷勘問盜人文仰以所出來、且可令鑄作、亦遺銅可尋、可令勘可始鑄日等、・大宰府所進去長德二年析油參拾斛文依命傳之左大辨、・紀季光望後院藏人文、副田邊重秋辭退狀、依請、民部乳母申、以上下國平朝臣、參內、奏左大臣命(令カ)奏之旨、又奏昨日右衞門督(公任)令奏檢非違使勘注藤原理範・僧信泰申詞記、仰云、理範□(等カ)事任法可行、因副先日所奏日記下給、又大臣可令申事等聞食、但說孝申障非不可免、可勤神事之由、豫所奉知也、而到穢所著座之事可召問也、觸穢之旨甚非尋□(常カ)、但免

行成陣中破損の修理を指示す
道長に勅旨を傳ふ
顯光に宣旨を下す
譴責宣旨
石清水臨時祭祭使藤原實成御禊
祭使に宣命を給ふ
還立
御湯殿のこと懈怠の主殿屬を召問せしむ
所勞に依りて編板に載す
季御讀經藤原實資行成に付して賀茂

障可替他人、又能登事不□〔令カ〕申之前、自是欲遣仰案内之間、令申事由、聞食悦耳、日者依相待參入所遲引也、今須擇日行除目者、陣中所〻破損等可令修理之由、示橘式部、又仰出納允政〔惟宗〕、次參左府、傳 申 勅旨、被示雜事之間、時剋推移退出、相逢右中辨、示被免障由、亦詣近衞殿奉訪、雖不覺坐、頗有隙云〻、仍暫退、亦詣右相府、下宣旨、觀空寺〔山城〕・栖霞寺〔山城〕爭論田文四至爲禁致生、栖霞寺所申立也、然而田者依合坪付、可爲觀空寺領、・彈正忠右賢申罷下信濃國溫泉治身病狀文依請、・木工寮申安藝國不濟年〻大粮米文給譴責宣旨、・松尾大神宮中〔十日〕四月祭以前令修理破損顚倒雜舍・橋等文、令山城國□〔修カ〕造、卽亦被下、此次又被示雜事、入夜歸宅、

廿二日、詣近衞殿、詣左府、此夕參内、

廿三日、臨時祭〔石清水〕也、使兵部大輔、御禊後所司鋪設之間、内大臣於殿上令奏宣命、給返レ之後、又召使給之、午四剋事了、

廿四日、自去夕甚雨、午剋使等歸參、穀倉院儲饌於弓場殿、内藏寮給祿、事了退出、行事右衞門尉行正云、昨御湯殿懈怠已以、仍可召問主殿寮官人之由蒙仰了、卽遣召屬車持有福、申有所勞不參、依有 仰事重遣召、只今入編板持參朔平門外、卽示早可令奏事由、行正依陣外人、令橘式部奏云〻、

廿六日、季御讀經始也、早朝參内、依 仰事詣左府之間、於陣腋太后宮大夫〔藤原實資〕被付齋院文幷

齋院雜具文等を奏す
行香
宣旨を下す
菅原芳子に禁色を聽す
說孝の勘事を免ず
除目の日取
東三條院內裏に參入し給ふ
旬儀に出御せず又音樂を停むべきことを仰せ給ふ
京都火あり
强盜の放火燒亡奏
勅計あり
藏人殿上人を諸陣に遣す

(源)賴節朝臣申文等、卽申爲御使罷出之由、被示歸參後可奏之由、詣左府、申能登可任人ゝ事、被申云、依諸卿擧可被任、歸參、于時御讀經發願、行香之程也、事了之後、奏大臣申旨、□(太)后宮大夫奏文申了、宣旨下、齋院雜具文被下、卽下小槻大史、昨日右府所被下松尾・木工寮等文下同史、(菅原)芳子禁色宣旨下右大臣、又太宮(后脱カ)大夫被奏、說孝可奉仕齋院行事、可被免勘事歟、卽免給、右大臣被奏、四月八日以前被行除目、度ゝ有例、至于季御讀經間、被行之例不見云ゝ、

仰云、聞食、但罷左大臣家、可仰此由者、卽詣申此由、次參院(藤原詮子)、于時御土御門尚侍家(藤原綏子)、今夜參內給也、依馬不將來、與藏人少納言同車參、又退出、

今朝仰云、旬日若出御可聞食樂、而左大臣近曾有所煩、屬雖有平愈之聞、稱有餘氣不出仕之樂間、不可必聞食樂、亦無所指、於止樂如何、亦不出御、有何事哉、卽召爲任、被仰此由、依行事也、

廿八日、曉修法後夜未行之前、家僕等高聲稱乾方燒亡之由、卽著衣冠、騎(藤原)惟孝馬、馳參大內也、內藏(紀)允宣明宅强盜入、相戰之間放火也云ゝ、郁芳門北、藍園路東西宅、入自待賢門參上殿上、申燒亡處、次申行勅計、問宿侍之人、(源賴定)彈正大弼白地他行云ゝ、仍招集人ゝ、差遣諸陣、左近陣(朝經)右少辨、只今參入也、・右近陣(藤原重家)先少將、・右兵衛・右衛門陣(藤原中尹)內記、・左兵衛陣・帶刀陣・左衛門陣、(行正)右衛門尉登時

火延いて神祇官齋院に及ぶ

檢非違使等をして類燒を防がしむ

細糞

參入の公卿

御卜を仰す

陣物忌

子日は卜せず

行成の修善結願

道長に燒亡を報ず

神祇官齋院燒亡に依りて季御讀經論義の有無を御記に徴せしむ

延喜御記抄

同部類抄

村上御記

道長に勅問し給ふ

人々參會、內大臣被候御前、有頃右近衞申燒亡細糞入神祇官西廳瓦屋燒由、卽奏事由、仰右近將曹仲重(身人部)遣神祇官、令仰檢非違使早可令撲滅、又同官中雜舍幷八省・豐樂院堂廊等同追上雜人等、可令滅細糞之由、又召右衞門志忠國(源)、同仰此由、有頃申□□官無一人之下部、又北門鎰不知所在、不能開鑰、□(火カ)勢已成、忽難滅得、但左右相構同町倉・他屋舍等、追上雜人令免其灾云々、民部卿(藤原懷忠)・太后宮大夫・平中納言・修理大夫(藤原懷平)・左兵衞督(藤原高遠)・宰相中將被參、時剋相遷、各々退出、于時卯四剋、

仰云、神祇官灾恐奇不少、可令所司奉仕御卜歟、申云、御卜事早可被仰、但昨・今日陣物忌也、上卿難參歟、明日(二十九日戊子)子日不卜、來月(四月)二日許可令奉仕歟、有勅許、依修善結願、白地罷出、加持之後、施鈍色褂一重於闍梨、又布施各有差、巳剋束帶、先參近衞殿、御病篤危、暫之詣左府、依御物忌、於門外令爲義(橘)朝臣申燒亡事□(等カ)、次參內、依召參御前、仰云、今日(第二日)可有御論義例也、而神祇官齋院火灾、非常之事也、如此之間爲之何如、抑可檢御記、卽依仰給御厨子鎰、開御厨子、見延喜(醍醐)御記抄、論義事、或年注論義、或年不注其由、依多卷數、不見本御記、只見部類抄也、村上御記、諒闇時幷康保四年無御論義、諒闇不可准的、四年是有凶事、又不可爲例、卽奏事由、仰云、罷左大臣家、可仰此由、其趣春季御讀經間、論義恒例之事也、而神祇官齋院灾、是非常事也、思食歎無極、至于論義者、雖在□例猶如臨時之興、引勘

論義の結番は道の僧綱行ふ例

御記、醍醐御時或注論家〔義カ〕、或年不注、村上御記、毎季被注、但涼闇年並康保四年不行論義之事、此例不吉□〔也カ〕、仍今日猶可聞食也、抑至番者、道〔顯宗〕之僧綱所□〔可カ〕結也、而僧正眞喜・律師定澄・平傳等依病辭□候座、已講清範勞績次第已至、可補律師□〔者カ〕、若無道僧綱不可行、若事可闕怠無便者、此次補律師如何、又雖無道〈不在〉之僧綱、以他僧綱令結番如何、如此之事面可仰也、而依有所惱不參之間、令人傳仰、極所憤念、隨定申旨可行者、罷出之、

道の僧綱不在

慶藝の意見

〈問〉便威儀師慶藝、〻〻云、故元果〔杲〕僧都雖非已講、以法務奉仕結番、是近例也云〻、詣相府、於門外令季〔藤原〕隨朝臣申爲御使參來□由、依命獨身參入、〈暫開西門也〉、具傳　仰旨、被奏云、

道長の奉答

道の僧綱候せずんば結番及び評定は他の僧綱をして奉仕せしむべし

無御論義之例非穩事、猶可被行、雖道僧綱不候、以他僧綱令結番有何事哉、故大僧都元杲雖眞言宗、依爲法務奉仕之例在近、倩案事理、法務者僧綱之職也、雖非已講、以他僧綱令行宜歟、大僧都覺慶本是顯宗之人也、於結番尤有便歟、至于評定論義、亦他僧綱奉仕、是又例也、但今日被補僧綱可奉任〔仕カ〕叙情、一日不被行除目之事、依當御讀經之間也、僧俗事雖異、至于僧綱召、與除目可同歟、〈然而〉猶以道之僧令行此事、他人可難行者、隨便被加補一人許、又有何事乎、若依有法務之例、以僧都覺慶令結番、後日被行僧綱召之事可有便歟、進止之間、可候　勅定、卽歸參奏此由、仰云、令大僧都覺慶結番、卽召仰所司、

覺慶をして結番せしむ

定澄を召す

令鋪設弓場殿、此間權律師定澄參入、〈再三遣召也〉、卽參上、奏定澄參入之由、仰云、可令定澄

威儀師慶藝學生等の交名を書す
之を奏す
三番
論義の座
脩子内親王職曹司より退出し給ふ
神祇官齋院燒亡の先例
藤原行成を召す
老尼の病危急に依りて不參
藤原道長病後初めて參內す

奉仕者、卽仰威儀師慶藝、相共就弓場殿座、令慶藝書出可候御論義學生等夾名、奏聞、仰云、已及昏暗、可令結三番、仍仰令結三番、又奏奉可召之仰、〻掃部鋪疊二枚於東又廂南第一・二間、爲召渡自南殿僧之座、又鋪一枚於御佛北間、爲論義座、事了僧等退下、

今夜女一宮出給式御曹司云〻、罷出、又詣近衞殿、亥剋許歸宅、

今日神祇權大副兼延宿禰申云、去天曆七年二月廿三(十二)日、藍園邊燒亡之日、又件齋院燒亡云〻、

四月

二日、早朝小舍人勝淸延來、告召由、頭中將(藤原正光)仰云〻、令申日來提携危急之病者、不能參入、今間依有可見給之事、白地罷到蝸舍也、只今罷歸見病者之體、若有宜間可參入、但事不定之由、右兵衞佐時方(源)・前上野介時貞(藤原)等朝臣來、示雜事、隨狀爲參內束帶、詣近衞殿、有頃欲參內之間、病者綿惙、此間連光告頭中將消息云、早可參、然而依病者已危急、不能參入之由、付出納允政(惟宗)令申、右兵衞佐成房(藤原)來問、晩景兵部大輔實成(藤原)、又來問、左大殿(藤原道長)今日始被參

闕國除目延引

中辨以下不參の時の陣申文と南所申文に就きて論あり

中宮老尼の病を恩問し給ふ

內云々、

戌剋太皇太后宮大夫（藤原實資）送消息狀於匠作（藤原懷平）御許云、今日除目可被行之由云々、仍參內、他上卿已不參、勅命云、可任能登守者、然而□（故堀河大殿カ）（藤原兼通）□闕ク、○次下、

（首部、闕ク、日未詳）大夫史、國平（多米）、々々以予（藤原行成）疑旨爲得云々、或人云、陣□（申カ）文只尋直辨令署、雖無中辨以下、無妨中文□事、是直辨加名之故也、至于南中文者、南座□必加署之故、中辨以下不參之時、無中文也、但雖不參結政、々了渡南之時、後來辨・少納言相加□例也、上臈之辨後參者、已爲第一之人、雖□（不聞結政カ）結詞、於加署有何難哉云々、愚慮難廻□是非耳、

廿六日、自中□（宮カ）（藤原定子）□有恩問□朝臣□問□

「(標紙題簽)行成卿記　長德四年秋冬　略記　五」

「(小口外題、元包紙)行成卿記　長德四年首欸自七月二日至十二月

墨付四十三枚續」

法興院法華八講

東三條院御惱

御物忌

疫癘に依り行ふべき雜事を御記に徴せしむ

相撲停止の先例勘申を外記に又大祓幷に臨時奉幣の日

〔長德四年〕

〔七月〕

一日、參法興院御八講也、左□院(藤原詮子)御惱也、酉剋退出、奏時內□(竪カ)□召右衛門尉(藤原)行正、仰云〻、依小舍□(人カ)候所來□裝束參入、令奏事由、御物忌也、□

二日、早朝依召候御前、天下疫癘(疱瘡)事□思給事□(無極カ)、□(仰云カ)、有如此□年□(〻カ)被行雜事、可引勘□日記、□(卽カ)擇出延喜十五年・天德四年二代(醍醐・村上)御記奏□(覽カ)、亦昨左丞相(藤原道長)被申事等一〻奏之、相撲可停事可令勘先例、仰大外記善言(滋野)、紫宸殿・建禮門・朱雀門等三所可被行大祓日時、臨時奉幣日

時等の勘申を内大臣に仰す
公卿外記の不参多し
東三條院の御悩に依りて行幸のこと及び御諷誦等のことを仰せ給ふ
藤原道長の奉答
藤原行成東三條院に詣し勅旨を啓す
同院行幸を停めしめ給ふ
疫癘は染病

時幷使等可令勘□(申カ)事、又疫癘咎祟可令所司勘申事等、仰內大臣(藤原公季)、〻〻被奏云、日者依有□(可カ)定申事等、令召諸卿、皆悉申障、無參入之者、加之外記未參、仰藏人、差內竪遣召參議等如何、勅曰、早可召遣、卽仰內竪和晴忠、令召參議等、皆申障不參、亦仁王會日可定□、此間差右兵衞佐時方(源)、奉遣法興院、□(歸カ)□殊重御坐之由、亦爲御使重參、歸申御返事、依召候御前、仰云、院御惱危急也、仍可有行幸之由、可仰左大臣、亦參院可令申此由、亦奉爲院御惱消除、可令修廿一个寺諷誦、又以廿一口僧、自今日可奉令轉讀仁王經、不斷、限五日、卽御誦經仰行正、內大臣被仰臨時公用析□(米カ)五百斛可召諸國事、仰右大史文守永、支配國〻之數見宣旨目錄、詣左府、令公行(佐伯)朝臣傳申　勅命之旨、報云、行幸事尤可□(然之カ)事也、但彼院今明固御物忌也、加之供□(奉輿擔)□(丁カ)不具歟、且以此由可奏、御諷誦・御讀□(經カ)□御行者、只今可參院之由、又被示、此間今朝所給御書持來云、院御惱殊重之內、世間不閑之間、數□(出カ)城外事可無便、仍來四日許□定此精進可□留、今明雖物忌可參院者、因亦令申今朝御書只今見給之由、若□(可カ)令參院給者、可待候歟、命云、暫可待候、卽參院、依御物忌、不參御在所候御八講之所、令判官代重義(平)朝臣啓御消息、此間太皇太后宮大夫(藤原實資)被參、申雜事、亦被示重義朝臣示御返事云、行幸事不可然、所□重不可申承雜事、亦此病稱染病、仍有事憚、亦今明固物忌侍、又供奉□諸衞□仰旨無極承恐侍、至于行幸、更不□□(可カ)、又示重義朝臣可被行

圓仁門徒の僧綱連署して愁文を道長に進む

道長赦免のことを奏せしむ

行成不動護摩法を修す

東三條院御讀經の料米調進を平文忠に仰す

右大辨藤原忠輔に赦免の詔書作成を仰す

參議以上詔勅を作る先例

御讀經之由、令取只今候僧名、御讀經之由具仰了、此間左丞相被參、依慈覺大師（圓仁）門徒僧綱一兩連署出愁文、未得其意云〻、又院御惱殊重、又世間病惱已盛、若被行赦免之事如何、有事次可奏此旨、卽還參奏院御返事、亦奏左丞相令申之旨、

右中辨（藤原說孝）示、感神院入諸社內、可被立奉幣使之由、爲御使詣左府可申、

酉剋偸閑罷出、令勝祚闍梨□（始自カ）今夜□□（限カ）箇日、修不動護摩法、伴僧二口、從重義許□勘文、卅二石三斗、油一斗、歸參、未供夕膳、依宿衣不候殿上、暫佇立腋陣邊、右中辨云、以藏人行正被仰內大臣、依院御惱可大赦事、

此間差小舍人貞光（紀）、送消息土左守文忠（平）朝□（臣カ）許、宣旨米內五十石急速公用也云〻、

右大辨（藤原忠輔）被示云、先例內記不候之時、成□□（業カ）作詔勅、是常事也、今日依指仰可奉仕□、參議以上作詔勅之例、更所不見也、此時遺□爲向後所見可無便宜之□未供□（夕カ）御膳、宿衣之人有憚參上、若以藏人被奏□、卽以行正被奏、行正還告召由、此間夕膳已罷、因之參上、　仰云、忠輔朝臣所令申如此、先例如何、奏云、參議以上作仁王會咒願、以□准、亦寬平御時、贈中納言橘朝臣（廣相）作詔勅□橘朝臣者仁和（元慶八）元年任參議、以之可知先例□、仰云、以此由可仰忠輔朝臣、此間內大臣被參□、召余（藤原行成）命云、仰赦書事之間、從里告來實成（藤原）急危之由、可如何、申云、奉事之人□□（里第カ）退出、無便之事也、何況赦免

赦免は奉勅後時を移さず行ふべし

之事、勅出之後、不改時剋所行也、若以有無止御障令罷出給、誰人亦行乎、早遣召使官人、且召外記、被問先例、慥覽可免之限、可被仰作詔之人歟、

上卿藤原公季詔書の草尋で清書を奏す

御畫日

丑一剋内大臣於弓場、令藏人泰通(藤原)奏詔草、□令清書、次清書奏聞、御畫日了返給、此度右中辨説孝奏也、泰通參院也、

赦免の由を検非違使尉に宣下す

右中辨遣召左右衞門權佐(惟宗允亮・藤原宣孝)、皆煩病、只左衞門尉忠親(藤原)朝臣一人參入、

同二剋依仰遣召阿闍梨明救、□(令候カ)夜居、此闍梨來、依御修法候主殿寮也、

料米五十石の下文を院司に送付す

貞光持來文忠朝臣所進米五十石下文、仍副勘文送重義許、

三日、自内參院、左大臣參給、

四日、詣内府、訪兵部大輔(實成)・禪師君(如源)所惱、亦自問右兵衞佐、便近江介問(藤原永頼)、次問民部大輔(源成信)、□(參カ)

行成花山法皇の御惱を訪ひ奉る

彈正宮(爲尊親王)參華山院、有惱御、詣左府、

廣瀨龍田祭

依廣瀨・龍田祭不參内、

行成東三條院及び中宮の御惱を訪ひ奉る

疫癘に依りて相撲停止のこと等を道長及び公季に仰せ給ふ

五日、參院、令重義朝臣啓事由、御惱平否案内也、逢觀修僧都受護身、詣左府、右中辨參會、亦參中宮(藤原定子)、御惱六日云々、相撲停止幷於有封諸寺可轉讀仁王經事、可仰左大臣、仰諸國令祭疫神、可轉讀大般若經事、泰通可仰内大臣者、内大臣爲被定申雜事、自去夜候給、而煩瘡不著陣給者、件祭事本所承行給也、仍重被仰也、詣左府、仰宣旨、令陰陽寮勘申日時、仰文大史(守永)令作宣旨、

大祓

今日於紫宸殿・建禮・朱雀等門前□(有カ)大祓、爲除疫也、神祇官人參入自長樂門云々、南殿(紫宸殿)

参著の參議辨

前左衛門督(藤原)誠信、建禮門前右大辨(忠輔)、朱雀門前右中辨説孝、外記皆病不參、仍以右大史文守永、爲外記代、夕歸宅、

外記代

左近衛府南門の樗木倒る

六日、參院、參內、罷出、左近衛府南門外西腋樗木折、建春門外馬斃、左衛門少志衣縫高眞云、此夜半許此木折、左丞相參給、時方同車退出、

源國政歿す

實父は源淸延

七日、早朝與時方同車參內、(未上格子、)式部大丞源國政昨死去、家人□也、甚足悲、國政者故美濃守正四位下(源)通理朝臣男、實者故從三位源淸延卿男也、歷右兵衛尉・兵部丞、遷任當職、身長六尺餘、其力强健、

疫

六月中病疫、遂以夭亡、嗚乎悲夫、

八日、參左府、參華山院・女院・彈正宮、赴兵衛佐□(許カ)、

行成の見舞

九日、詣前大納言殿(源重光)、四位少將(源明理)云、御病甚重、(便)問越後權守(源)則理、亦奉訪師、謁右金吾(藤原公任)、

諸社に奉幣使を發遣せんとす

王氏大夫なきに依りて延引す

(行間補書)今日被立奉幣諸社使、左丞相被行、辨説孝云々、

十日、(紀)忠道朝臣來告云、昨日奉幣使依無王大夫不被立、又公卿・諸大夫一人不參、□(仍カ)被改後日云々、參左府、被奏文章博士(三善)道統朝臣勘申年號文、又被示仁王會事可定中文書令具候、

年號勘文を奏す

卽參內、奏勘文、又仁王會文書可具之由仰文史(守永)、未剋左大辨(源扶義)被參、次左大臣參給、

臨時仁王會日時僧名定
上卿道長
正曆五年の例に據る
勅問あり
日時僧名定文を結ね申す
撿校行事辨史豫め請僧の懈怠を誡め給ふ
施米文を奏す
主殿寮に於て觀音法を修せしむ
內藏寮請奏を奏せず
撿校定文を奏せざる事由
布瑠以孝卒す
東三條院の召に依りて法興院に詣す

卽被定申仁王會事、余申施米事、此次可被定申□、參上殿上、左近府生輕部公友召余、大臣被奏□〔仁〕王會日時・僧名等入筥、云、依去正曆五年〔五月十五日〕〔例脫カ〕、於大極殿、以百口僧可講也、此外亦淸涼殿幷神社・佛寺皆因彼例定申也、　勅云、先例撿挍文奏之、而此度不奏如何、又仰云、來廿一日令行、但權少僧都勝慶若書誤勝筭歟、然者書改可下、卽仰下大臣、下給日時・僧名、例下給文也、仍結申、撿挍藤中納言〔時光〕・右大辨、行事余・右大史常澄晴光・文守永、件文只可入筥也、而下給、違失也、仰云、此度參入僧綱以下、率堪能弟子可參、若有障進辭書之輩、副堪事弟子夾名、付綱所、諸僧等非無病惱之聞、若只申故障、迫期進辭狀、忽非可召出其替、爲省事煩、殊所被仰也、卽仰文大史守永、又大臣付右中辨被奏施米文、阿闍梨明救率六口番僧、始自今日限十箇日、於主殿寮修觀音法、粁物米且渡廿石、〔多米〕國平借渡也、請奏未奏、依內藏寮官人不參也、戌尅左丞相出給、候御共、被命云、撿挍定文相加可奏也、而左大辨稱有惱氣、早不書出、仍不令奏也者、罷出、

此日前參河守從五位上布瑠以孝朝臣卒、故大藏大輔從五位上千門〔布瑠〕宿禰男也、

十一日、拂曉參內、巳剋罷出、依召參法興院、被仰云、明豪放阿闍梨解文事、可催左大殿門〔ゝ脫カ〕云、

源重光薨ず
七十六歳
平文忠卒す
行成をして道長の病を問はしめ給ふ
行成心神不例
候宿
行成所惱を危惧して奏上すべき雜事を注記す
盆供
臨時仁王會
金代返抄
宋僧源淸への返牒
源淸乞ふ所の經論疏義の書寫

午剋歸宅、除服、戌剋歸參內、前大納言正三位源朝臣重光薨、昨日子剋云々、故中務卿代明親王第一男、母故右大臣藤原定方卿之女也、于時七十六、

土左守從四位下平朝臣文忠卒、

十二日、候內、從朝心神不例、然而依有仰事、相扶祗候、依 勅詣左大臣第、問所惱給、歸參申御返事、往還熱暑之間、心神彌惱、重有 勅命、猶不退出、依極難堪、解束帶著宿衣、爲逐涼氣候弓場殿、與彼此言談、右大臣(藤原顯光)被□、今夜候宿、惟弘(橘)來、

十三日、罷出之間、於后町廊下、招取時方・至光(源)等朝臣、相語雜事、歸宅之間惟弘後車、心神已不覺、

來十四日御瓮可令所司(內藏寮)遣寺事、明後日奉幣、依可有其事也、

臨時仁王會行事、略示案內於右中辨、

金代依左大臣宣、仰左大史奉親(小槻)、下知國々、就中常(陸脫カ)國司可辨知、早仰彼國可令返進返抄、與(朱)仁聡同船僧齊隱所持來之大宋僧源淸牒二通返牒可令候(作カ)之由、仰左大臣、々々々仰匡衡(大江)朝臣・齊名(紀)等、所乞源淸經論疏義合若干卷、入函、寫粁帋若干卷、入細折櫃、此中一卷、僅令書寫、宮內史生水國(縣)其遺卷々、令召能書者、皆稱病由不參來、仍未書寫了、可入粁筥事等、

出納允政(惟宗)・小舍人貞光所知也、

宋商客曾令文への返金

安置大宰商客曾令文事、
未給返金、至于勘文仰出納允政令奉仕、信經(藤原)知案内、又小舍人爲善(調)可知、

二代御記の闕卷の補寫

延喜・天曆(醍醐・村上)御記欠卷甚多、必尋在所可被書寫事、

改元改錢

改元・改錢事、

大赦

件兩事遲引于今、人々爲欝、就中改元之次、可有大赦之由、先日所承、近日不被行、早々可被行也、

女房侍臣の不仕

女房・侍臣等不候事、
皆稱病由不參入、陪膳人等不候、更無術計、召遣左右大將(公季・藤原道綱)可令候給、女房院邊有未病者、被啓事由可令候給、

近江日次專當の替補

近江日次專當事、
當任官人年來所勤仕也、大掾笠惟忠已以去任、大掾曰佐理仲本勤此事之間、已無懈怠、然而依可見任之者奉仕、去年理仲去任、替補惟忠、々々今年又去任、其替以理仲可被補歟、理仲今年又任大掾也、

故高節後家等の愁文

故高節朝臣後家・成親等愁文事、

自院所令奏給、早下給可令定申之由、被啓御返事了、而依爲任（藤原）不參、未下給、若有

參入早可下給、

檢非違使廳裁定の愁文

公任朝臣令奏廳所定明子宅事幷正子愁文事、

一、副定文、一、副尋空中文、本左大臣所知也、所障連々、未仰案內於彼大臣、隨無奏

聞事由也、

東大元興兩寺の破損實錄の校合

東大・元興寺全破實錄事、於官令校合也、

件事等心神雖不覺、爲令奏案內、所書出也、以前承案內事等、未一定之間、今受重

病、遂無沙汰、極可無便宜之故也、

內裏に祗候の人なし　道長に勅問し給ふ　道長の奉答

十四日、大僧都（觀修）來臨、立願數多、右兵衛佐時方來云、大內只今無祗候之人、仍爲御使詣

左大殿申事由、卽是可然之人忽可免昇殿事等也、御返事云、皇后宮亮敎忠（源）朝臣自宮初時

久候殿上、任山城守、頗有事勤、々（抹消符不要カ）去任之後、究濟公文、加之近曾患疫、近旨（日カ）已愈、令

候殿上、尤有便宜、亦本候殿上者之中、同煩此病、平損之者爲義（橘）・輔公（藤原）等中可被聽歟、

行成の意見　六位藏人橘行資に爵を給ひその替に藤原說孝を五位藏人に補すべし

亦左兵衛尉則隆（橘）同此病平愈者也、又候殿上何如、余示云、敎忠㝡有便事也、且諸人皆病、

之中職事人不候、於事不便也、藏人式部丞行資（橘）明年巡至、可預敍位者也、給爵彼行資、

以右中辨說孝被補其替、令奉行雜事如何、以六位雖被補、忽不知案內之輩不可有益、行

行成改元大赦のことを奏せしむ
昇殿源敎忠
藏人說孝
昇殿橘則隆
行成病に依りて辭狀を上る
作者大江匡衡
人をして加署せしむ
十六夜月
行成悶絕す
夢中に强力者ありて腸を引出す
心中不動尊を念じて驗あり
明王の畫像は母堂の顯造する所
孟光

成平生短慮也、況病惱不覺、所案之事、定有紕繆誤、車中能被廻思慮、可及奏聞也、夫改元・大赦等事于今未被行、世間爲寄〔奇〕云ゝ、早可被行之由、同可奏、頃之自左府、權中〔源經房〕將來示云、自內以時方、被仰皇后宮亮敎忠朝臣聽昇殿、右中辨說孝補藏人、行資敍位替、依無可仰下之人所示也、早遣召小舍人可令 仰者、依命遣召小舍人貞正、令召件人ゝ、中將歸參之後、又書送殿命云、左兵衞尉則隆同兔昇殿云ゝ、仍同仰貞正、

十五日、相招式部權大輔匡衡、示可作辭藏人頭・左中辨狀之由、入夜擧燭之間、辭書持來、令若狹掾爲衡書之、亦差人奉左府、令申依病難堪辭申官職之由、使者歸來云、左府甚重御坐、存給可難云ゝ、心神彌迷、不能加署辭書、仍令人書名字、差小舍人貞正令獻、深更歸來云、職事之人忽不被候、仍付讃岐介至光、令奏了、

十六日、去夜惟弘一人看病、惟弘日者煩病者也、此曉爲見風〔月カ〕出東簀子、還入蹔凭脇息之間、心神不覺、引寄惟弘、枕膝間已以悶絕、如夢又非覺、心中省有强力者、引〔行カ〕出自臍下二寸引出腸、ゝ所遺腹中僅二寸許、此腸被引出了、命已可絕、于時不動尊三字籠此二寸腸中、此字初雖寂〔小〕少、漸ゝ增長滿于腹中、卽此腸又還入、不覺心中奉念不動尊、無極悲泣、强力者已去、自年少之時、奉馮此明王、其盡〔畫〕像造次安置座側、是母堂〔源保光女〕奉顯令相傳所奉持也、其不捨離身、本誓不誑、授是驗之也、此間惟弘只一宅中起者人幷孟光而已也、內外云合、行數寺諷誦、祈乞救命之外、敢無他計、此間大僧都自左府

観修より十戒を受く
戒願感應あり
蘇生
説孝藏人の慶を申す
見舞の僧俗
悶絶四五度
熱散じ瘡癒ゆ
兵衛歿す
沐浴
辭狀を返し給ふ
物忌
藤原行成の沐浴

徒歩來臨、授十戒、初五戒已不覺、次五戒漸覺、授了讀前日願書、祈禱懇切、戒願有感、僅以蘓生、夜漸明、僧都歸參左府、我與僧都師弟之契、非今生之事、加以僧都驗德甚明之由、孟光與惟弘感悟無極、

午剋許右中辨説孝來、訪病惱次示云、慮外 朝恩、汝一言之所致也云々、珍慧・院源兩闍梨來訪、兵部大輔□(被カ)來、又靜昭闍梨來、民部權大輔(成信)被來、

十七日、此曉又悶絶、四・五度云々、甚依不覺不知度數、只圓緣供奉相副、又無他人、

十八日、熱散瘡愈、

廿二日、戊寅、兵衛死、此東對北面也、此夕出於彼東宅、

廿三日、己卯、病後初浴、

廿六日、壬午、□藏人主殿助泰通來、返給先日所上辭書、仰云、病愈之由云々、早參從事者、

廿八日、於西對物忌、

八月

二日、戊子、浴、

同物忌

病後の初參
諷誦を修す
反閉
藤原道長に謁す
道長病に依りて上表せんことを奏せしむ

東三條院及び東宮に詣す
道長に勅旨を傳ふ

觀修に謁す

大辨を競望する者多し
行成意中を道長に披陳す
高階信順大辨を望む
信順は新制に抵觸す

三日、己丑、沐、
四日、庚寅、於西對物忌、教靜上人來、授戒於女人、
十四日、庚子、病愈之後、今日參內、諷誦三箇寺、清水・廣隆寺・祇薗、麻布各端、令順朝祈願、令奉平返(縣)門、
先詣左府(藤原道長)、令內藏頭陳政(藤原)、申今日始參內之由、面謁、坐簾中、候其外、(脫アルカ)被示雜雜事、又被示所惱于今未
愈、仍欲上表、必可令留給之由可奏、卽自上東門參內、候御前、奏大臣令申之旨、仰所〔云脫
カ〕中雖切、非可忽收、此次被仰雜事巨多、能直言輔導不逮、是所羨也、此外所被仰祕事不
書、爲庶幾溫樹不語也、
參院(藤原詮子)御方、令啓今日初參入由、又參東宮(居貞親王)、出自中御門、賴貞(源)後車、
十五日、詣左府、傳申昨綸命、被示僧綱幷諸僧等存日辭書沒後進上、極不便事也、
謁觀修大僧都、又詣修理殿(藤原懷平)、今日令安藝守季隨(藤原)後車、病後尩弱、獨不能乘車也、
十六日、詣左府申雜事、被示大辨競望之人事、申云、中辨轉大之時、不必依位階、或亦依
任日、加之行成(藤原)藏人頭有勞、然則任參議亦以有先例、欲兼任大辨、權辨朝臣(高階信順)若申可依位階
之由、欲申此旨、抑受領之吏、去任二年之中、不勘公文之輩、不可敍用之由、當時新制
也、件朝臣去任(伊豆權守)之後、于今三年、又任中無所勤仕、納官之事未濟已多、留國之事已無沙汰云々、
而遷任官殊私々〔之カ〕恩也、今依無事勤、不可居此官、況與藏人頭競望之事、何有許容哉、彼若

强有所申者、以此旨欲愁申、命云、所申尤可然也、今(亦)被示受領幷供奉諸司等闕ゝ旦(早)可被補之由可奏云ゝ、

十七日、

十八日、詣左府、申 勅報、相謁僧都、申順朝解文、已有許容、

廿六日、初奏文、美乃國進召絹十疋解文、

廿七日、早旦參內、雨、今日有小除目事、申剋爲御使詣左府、仰可被行除目案內幷檢非違使可補事等、被奏云、重痾之後心神不覺、雖恐勅旨難申理非、ゝゝ之間只在 睿慮、此次被示事甚多、歸參、比至陽明門秉燭、依甚雨執笠著深沓、病後尫弱不可堪、相扶參著奏事由、衣裳悉濕、心神甚惱、爲休息退下宿所(作物所北面)之間、於小板敷謁宰相中將(藤原齊信)、藏人右中辨説(藤原説孝)、依召參御前、承除目之事、仰民部卿(藤原懷忠)、以正五位下大炊權頭賀茂朝臣光榮爲頭、雖不知堪否、依爲一道(曆道)ゝ(之カ)長被任、從五位上權醫博士丹波宿禰重雅爲典藥頭、件官醫道上﨟所任也、醫博士淸原爲時・針博士菅原典雅等、次第在重雅之上、共成此望、然而重雅以當時名醫、所被抽任也、長於醫術者、越一兩人、(亦)例也、從五位上針博士菅原朝臣典雅爲造酒正、依左大臣申所任云ゝ、從五位上右衞門權佐藤原朝臣宣孝兼爲山城守、從四位下藤原朝臣典雅爲攝津守、先任相摸、去任之後十一年、勘(濟)公文之事、雖不合新制、殊有天憐所任也、主上(一條天皇)御惱之間、相扶身病拜禮觀音、奉祈御惱除愈之由、事及天聽、今蒙哀憐之恩云ゝ、從四位下佐伯朝臣公行爲播磨介、先任信濃、居三箇年、任中勘公文、亦有可治聞之中、自院度ゝ有所被申云ゝ、從五位上刑部權少輔藤原朝臣光尹爲土左守、造大炊寮功、右衞門大志石生光明任左衞門大

道長內外官闕補のことを奏せしむ

道長に勅答を傳ふ

行成病後初めて文を奏す

小除目

道長に案內を取らしめ給ふ

道長の奉答

甚雨

上卿藤原懷忠

大炊頭賀茂光榮

典藥頭丹波重雅

當時の名醫を以て兩人を超越す

造酒正菅原典雅

受領

造大炊寮功

左衞門大志

検非違使

御厨子所別當

東三條院觸穢

霖雨に依りて一條堤決壞し鴨河氾濫す

藤原道長同行成をして御祈のこと及び防鴨河使戒飭の旨を奏せしむ

勅答

止雨奉幣使發遣の日を勘申せしむ

志、又以左衛門大志石生光明・府生栗田豐理案主・番長、給奏(府生奏)之後、已歷數年、有可採用之聞云々、・右衛門少尉藤原行正・府生林重親、案主・番長、給奏之後、雖不經幾、容體・心慄(操)可堪其職云々、爲檢非違使、今日仰云、主殿助藤原泰通爲御厨子所別當、

卅日、參左府、宰相中將被參會、披陳雜事、近江介(源則忠)□(云カ)、院有觸穢、尋問其由緒、參此殿之人可爲丙人云々、

九月

一日、雨、午時許詣左府(藤原道長)、上東門第、依霖雨一条堤壞、鴨河横流、入府如海、被示云、霖雨之事可有御祈、又防鴨河使無勤之由、可被誡仰歟、件堤事宣旨下後、不致修固、今年自春灾害連々、民庶患疫、棄忘万事之間、自然懈怠也、然而不勤之由、不可不誡、卽參陣外令招藏人、頃之內記藏人(藤原)中尹、出來、先觸依穢不參入之由、次示左大臣令奏之旨、　仰云、院穢連々不絶、聞食奇不少、堤事早可令誡仰、御祈事日者有所思食、爲令祈申、令召祭主永(大中臣)頼、而申觸穢由不參入、隨亦令召他中臣官人、亦申障無參、仍于今所遲引也、今須重令召官人祈申、又仰云、日者霖雨久以不霽、計也秋收定不快歟、因例欲奉使於丹生・貴布

藤原共政加階を懇望す
道長之を奏せしむ
共政齢六旬を過ぐ
造皇嘉門功
造弘徽殿功
宿痾
經歷
勅答
新制に抵觸するは如何
季御讀經定
上卿藤原顯光
道長の參入
參議不參に依りて行成を定に候せしめんとす

禰社、十一日被立之例可令勘申、承仰罷出、詣相府申其由、依得閑暇、中承雜事、亦被示、前美濃守共（藤原）政朝臣令申云、奉公之後、殊無過失、爲吏數國、年過六旬、但前任之間、鎭纏身病、留國・納官之事、共雖成其勤、心神乖和之中、未勘畢公文、抑任播磨時、造皇嘉門、件門與武藏國可造之由、元所被支配也、播磨之分成勤、蒙賞早了、而武藏不堪之替、亦蒙宣旨、不日畢功、未預其賞、又造宮之時、作弘徽殿、依有所申、未賜其賞、依件兩事將敍一階、若宿痾不侵、餘命可存者、且可致勤公、且可期　朝恩、而病在□（綿カ）惙、命待時尅、往日之勤不可空棄、羨戴紫綬之恩、將爲黃壤之貢、任國之事者、已依究濟、預放還了、猶可有事求、令所司勘申、入物可決眞僞云々、件朝臣村上御時被補藏人、爲進□（士）、亦所經吏部・廷尉、朝家顯要、共當其選、一府都督、數國刺史、其所經歷非無治迹、仕朝年老、臨病命危、其所申請寅可哀憐、但許否之間、可隨　勅定、卽參入奏聞、仰云、件朝臣所申懇切、尤可許容、造殿門功又不可空棄、然而任國公文早不勘濟之輩、不可敍用之由、當今所仰下也、雖有舊績、其奈新制□（何カ）、

十九日、參內、右中辨說（藤原說孝）（云脫カ）（藤原顯光）右大殿門只今被參、可被定申季御讀經事、是依左大殿門只今（昨）被奏病後早不定申、可令次上卿定申之由也、依有仰事、遣召宰相了云々、此間右大臣被參、頃之左大臣被參於北陣（朔平門）、次右大臣於殿上被召仰云、御讀經事欲定申、參議一人不參入、

行成障を申す
顕光上卿辞退のことを奏せしむ
藤原懐忠に宣旨三枚を下す
懐忠丹波重雅等に兼の字を給はんことを奏す
勅に依り参議大辨不参のため左中辨行成をして尻付を注せしむ
外記前日の除目を進む
行成兼の字を書付く

汝(藤原行成)可候者、即申雖所労侍、相扶可候之由、即候御共、赴左近陣、立留壁後、□(令カ)右中辨申所労侍、不能候座之由、已有可許、仍還候殿上、頃之右中辨來示云、右大臣令奏給云、所労更發、不堪暫候、御讀經事大納言定申、非無先例、可被仰民部卿藤原朝臣(懐忠)歟云々、此間到於壁後、下宣旨三枚於民部卿、修理職申請造職析、任先日宣旨、以綾成光預榮爵狀文、東寺申作料、依先日宣旨、被成給大和明賢爵位記狀文、丸部□(守)忠名簿、内給所爵、(藤原)弘徽殿女御被申、養子、幷可令作位記、

右中辨示云、民部卿被奏典藥頭重雅(丹波)・造酒正典雅(菅原)・大炊頭光榮(賀茂)等兼字、依參議不候、不能令書付之由、依令問給、即奏此事有例之内、故中納言(藤原為輔)謂帥中納言、爲非參議大辨候除目之由、私記注例也、仰云、無大辨之時、中辨掌同大辨、令行成奉仕者、説孝即奏云、右大臣仰行成朝臣依宰相不參、可候御讀經定之由、然而申有所労不堪之由、被免已了、　仰云、至于御讀經定文、枚數已多、書間有程、件除目尻付只三字許、不可經程、猶相扶可奉仕之由可仰者、予(行成)應仰赴陣、右中辨以勅命仰戸部(懐忠)、々々奉仰之後、即令召外記、又移南座如例、外記參入、即仰去月(八月)廿八日除目可進之由、此間右中辨仰史元倫(和氣)、令儲候硯、外記爲成(宗岳)進除目、退歸之間、元倫置硯於宰相座如例、次召余、々把笏著座、戸部示云、依宣旨去月廿八日除目重雅・典(雅脱)・光榮等兼字可付、即進而賜除目退座、書三人(付)兼字、亦進而奉之、次

除目を奏す

藤原道綱に右大將の辭狀を返し給ふ

勅使藤原正光

雷鳴

雜袍禁色を聽す

興福寺維摩會廻文を外記に付す

任符請印

上卿懷忠

東寺申請の定額僧文を史に付す

季御讀經行事

還座、戸部開見之後、予揖、起而退出、民部卿即參進弓場殿、被奏除目云々、此間佇立左青瑣門邊云(之カ)々、

戸部退復座之間、與兵部大輔(藤原實成)退出、此夜雨、

廿三日、候內、頭中將(藤原正光)被示云、右大將(藤原道綱)表可返遣之由奉勅已了、須早詣彼殿也、而日者脚下聊有所勞、不能著韈、爲之如何、若差地下中・少將遣之如何、報云、已奉 綸命給了、猶(自)相扶可被參向、(地下)中・少將爲中使、年來所不見也、先例忽(無)知之人、然尋被行許也、晚景中將奏事由、自赴彼第云々、

此夜亥剋大雷鳴一聲、

廿四日、罷出、敎忠(源)・則隆(橘)雜袍、說孝禁色宣旨下、參左府、奉維摩會廻文、依仰付大外記、又申任所史國平(多米)罷下任國(和泉)之間、受領任符可令奉親(小槻)加署之由、依有許容仰下了、

廿五日、參內、酉二剋民部卿於弓場殿被奏任符七枚、山城守宣孝(藤原)・攝津守典雅(藤原)・播磨介公行(佐伯)・能登守則友(藤原)・土左守光尹(藤原)・日向守忠信・長門介中原朝臣致明等任符、仰云、令捺印、付奉親宿禰東寺申定額覺緣文、

候宿、

廿六日、季御讀經發願也、行事民部卿・右中辨說(復)、民部卿奏行復任事、昨日藏人右中辨說孝奉 勅、仰此卿可行諸司官人・諸衞府生以上復任事之由、仍今日戸部召外記、被問季御讀經初日行服任之例、外記夾算日記進覽、依有先例被行此事、外記承仰奉可復任勘文、次召硯、先例奏後若有外任者之時、○コノ條、重出ス、

廿六日、季御讀(經脫)發願也、行事民部卿依一上(道長)御障、此卿奉仰定申僧名□(等也カ)・右中辨說孝也、昨依勅、藏人右中辨

發願に先立ち復任除目を行ふ
上卿懷忠
復任勘文を奏す
藤原公任右大辨に代りて清書す
除目を奏す
二省不參
道長に宣旨を下す
公卿をして長門國未進の料物に就きて定めしむ
勸學院別當を補す
興福寺申請の釋迦堂十禪師文を下す
內給
道長病の後初めて候宿す
官定考
式日は八月十一日
列見定考記
醍醐天皇國忌
季御讀經結願
上卿平惟仲

說孝仰民部卿可行復任事之由、因今日御讀經發願以前被申行也、先召外記被問季御讀經發願日行復任之例、登時外記夾竿日記奉覽、依有先例、令外記獻可復任勘□(文)、次召硯、先例奏後若有外任者之時、爲令書除目所召硯也、　次召大外記善言(滋野)朝臣、被問先例云々、奏後若可有除目之時、還座被行之由申之云々、　卽戶部就弓場殿、被奏勘文、外記取筥從之、　次還座、令右衞門督(藤原公任)書之、右大辨(藤原忠輔)雖候不書、妻喪々(之カ)後今日初參、仍不書云々、　此間左大臣被參、民部卿猶在座令書了、亦參御所、令奏除目、復座令問二省(式部・兵部)候否、無可參之者云々、次余令將曹兼時(尾張)改置膝突、下奉宣旨左大臣、一枚於內藏寮申公用料絹□(文カ)也、　次說孝依勅仰諸卿云、長門國司(多治雅輔)不進季御讀經(料脫カ)、如何可行乎、其旨定申、左大臣・民部卿・右衞門督・右大辨被定申云□(々カ)、次大臣退於壁後、令招出右大辨、被仰月來久不參入、今日依吉日初參也、御讀經間不可候之由、卽退坐御宿所、仍參候、被定仰以勘解由判官行忠(藤原)民部丞貞幹(藤原)死去替、・蔭子致孝、宗忠死去替、可爲勸學院之(別當脫カ)由、亦下給興福寺申釋迦堂十禪師仁宗文、內給、下小槻大史、奉親宿禰、此寺文書長者下給、多是上宣也、然而件十禪師文依御願、請蒙　天恩隨內給也、

大臣今夜初候宿給、

廿七日、早朝參御宿所、退出、今日定考也、件事去月(八月)十一日也、然而右大辨依假不參之間不被行、假後昨初參內、其後被行也、子細注列見・孝(考)定記中、

廿九日、國忌(醍醐天皇)、可參宰相皆有障云々、季御讀經結願、未一剋平中納言(惟仲)參入、結願剋限午・

紫宸殿に候する次將を以て出居を兼ねしむ

申文なし

行成の見解

禁色雜袍宣旨を下す

明日日食に依りて廢務すべき由を告知す

日食
地震

申時也、右中□（辨）依　勅、申剋可打鐘之由、仰中納言、今日參候近衛次將者四位少將一人（源）明理也、其外皆有障不參、仍左將一人候南殿（紫宸殿）、衆僧參上、此間御前僧等俳佪弓場殿、此依出居不候、不能參上也、仍更召四位少將、在南殿也、令候出居、僧侶參上、平中納言一人候南殿、左兵衛督（藤原）高遠、一人候御前、結願事訖、無申文、去長德二年例云々、事未始前、於壁後謁納言、奉問云、御讀經結願之日、必可申卷數、而大辨不參之時、申文如何、納言驚召外記問先例、外記申去二年無申文之由、愚案先例、此日大辨雖□（不カ）參、只行事辨先申事由、可令申也、而納言無案、外記□□（申カ）違例之例、所不被行也、又下禁色・雜袍宣旨、子細注去廿三日目錄、又明（十月一日）日可有日蝕、而中務省未申云々、仍奏事由、明日可廢務之由、仰中納言、又仰大去（大）史、又納言仰外記、國平朝臣云、省（中務）解今日申外記、然而依官人不具、令追却了云々、史（國平）令官掌申大辨明日廢務之由、此夜宿侍、

十月

一日、罷出、與藏人少納言（源道方）詣左府（藤原道長）、歸宅之後、亦詣內府（藤原公季）、依召也、日蝕午剋、或說不正見、復未可在未剋、其前有地震、

公卿不參に依りて旬を停む
諸陣恪勤の者に祿を賜ふ
藤原道長宇治遊覽

二日、依可有旬事、令召上卿、一人不參、依仰停止、賜祿諸陳(陣)恪勤者有差、仰出納允政(惟宗)、以陸奧臨時交易絹、給府生以上各一疋、以諸國所進布、給番長以下、此日左丞相遊覽宇治山庄云々、

安倍吉昌天文密奏を上る
月塡星と同宿す

三日、申剋天文博士吉昌(安倍)朝臣令藏人右衞門尉(藤原行正)奏、去九月廿六日、月與塡星同宿、同日申剋蝕、酉剋復末、今月一日未剋地震異奏、

地震

此日戌剋地大震、今夜宿侍、

五節定

四日、被定仰可獻五節儛姬人々、秉紙・筆隨被定仰書了、入筥柳(柳筥)奏覽如例、訖亦給出納允政、亦各□(仰了カ)、

定文書樣

可獻五節儛姬人々、
殿上、則忠(源)朝臣・伊祐(藤原)、　則忠、近江介當任、伊祐、散位、信乃、
內大臣
中納言平朝臣(惟仲)
長德四年十月四日　定文之體如此、

道長の方違

九日、早朝從大僧都(觀修)許被示送云、左府今夜爲違□(方カ)可宿桃園給者、即報示今日依日次不宜不參、拂曉可參之由、參内、候宿、

道長紫野に遊ぶ

競馬

十日、鷄鳴詣桃園、早朝平納言被參、暫之□(丞相向カ)紫野栗栖給、有競馬事、依命候車後、暫之還給□(於カ)殿、與藏頭(藤原陳政)(内藏頭)同車、亦參内、

政

聽覽内文

樂子盛子兩内親王薨奏

御錫紵を服し給ふ

東三條院の御衰日を避けず

出御

御帶を供ず

著結政、先是平納言就廳、有政、右大辨(藤原忠輔)同著廳、晴儀、了就南所、此程事辨候申置(直)、了入内如常、今日有内印、掌侍親子奏之、中納言令右中辨説孝(藤原)奏故四品樂子内親王・无品盛子内親王薨奏、子四剋服御錫紵給、昨大外記善言(滋野)朝臣申明日可薨奏案内、仍示右□(中カ)辨召光榮(賀茂)朝臣、可令勘可供御錫紵剋限、又可問明日院(藤原詮子)御□(衰)日可避否之由、光榮令申云、不可避院御衰日、依本条無所指之故、仍令右中辨奏事由、又令右衛門尉行正仰内藏・縫殿等寮、今日剋限已至、供御座於殿(清涼殿)北廊、仰内藏寮令進小筵二枚、掃部寮立廻御屏風二帖、時剋出御、兵部大輔實成(藤原)朝臣供御帶、布御帶・御直衣下襲、盛柳筥、居高坏、即返給、須令候内藏寮、然而便置藏人所、

御匣殿預を補す

宣旨を下す

今日下給御匣殿別當藤原尊子申請預件美子文、仰云、前日令信經(藤原)仰下、是前別當時事也、隨別當請補之、仍停前日所下、重更所下給也、件宣旨可仰内藏寮也、

殿上人醍醐寺に詣す

十一日、殿上人ゝ相共詣醍醐寺、

御錫紵を除き給ふ

宮主御禊

雨儀

十二日、候内、除御錫紵給事、其所如一昨、但昆明池御障子北殿設御禊御座、宮主候承香殿西庇、雨儀、

十三日、差允政問覺慶僧都房穢事、已實□(云ゝカ)、

藤原行成の男歿す
熱瘡

十八日、未剋去年誕生男兒亡歿、雖在嬰孩、容貌甚美、日者煩熱瘡、今日瘡氣少伏、依見無力□〔之ヵ〕賴〻氣、母氏雍樹以居、愛愍之甚也、幼少之者氣力無賴、仍爲不觸穢、下立東庭、暫之母氏悲泣、卽知兒亡之剋、此夜宿爲文（源）朝臣宅、又詣左府、

行成源爲文宅に宿す

「（頭書勘物）漢書注、師古（顏）曰、〻〻（雍樹）猶抱也、」

尋で橘道貞宅に移る

十九日、自今日移宿道貞（橘）朝臣宅、

廿日、

位祿申文を藤原說孝に送付す

廿一日、付主殿助（藤原泰通）、送位祿申文於右中辨許、

京官除目

廿二日、京官除目議、行事藏人廣業（藤原）、藏人中尹（藤原）承　勅召公卿、今日饗依當御修法間、可設精進、而用魚味、誤也、

行成を右大辨に任ず
奏慶

廿三日、丑剋剋（行）除目了、轉任右大辨、左中辨労三年、于時年廿七、年未及卅任大辨者、貞信公（藤原忠平）廿一・八条大将（藤原保忠）年廿五（二）、而已也、今夜奏慶、亦啓東宮（居貞親王）、亦詣左府、亦詣新宰相（藤原懷平）殿、申御悅由、

參議藤原懷平

行成の所々申慶
射場始

廿四日、早朝詣內府、參冷泉院、詣內府（右ヵ）（藤原顯光）、參（詣）□（東ヵ）院（爲尊親王室）、參華山院・東三條院、亦詣左府、此殿去夜申悅了、次參內、弓場始也、納言以上一人不參、入夜左大辨（忠輔）參入、頃之宰相中將（藤原齊信）・修理大夫（源俊賢）參入、依昨今陣物忌、年當人不參、年不當之人雖參不著陣座、被候殿上、仍出御之後、不待召出自無名門著座、晴日應召經階下參進、新任中將賴定（源）・成信（源）・實成、雖未著本陣座、候出居、辨說孝、爲所掌、

陣物忌
出御
出居次將
所掌

三度中科なし
行成の啓慶
行成の物忌賀茂光榮をして結政初參の日を擇ばしむ
大夫史等行成を訪ふ
除目下名
行成右大辨の後初めて結政に參る
申文三枚
出立晴儀を用ふ
南所に著く
饌
吉書を奏す
東三條院源倫子の加階を奏請し給ふ
道長院源を法性寺座主に補せんことを奏せしむ

先例近衞・兵衞佐等役
限二度、無中科者、此夜宿侍、
也、而依可然人不候、以藏人的著之例被相定、
所奉仕也、
廿五日、參皇后宮、(藤原遵子)依召參內府、亦參太皇大(太)后宮、(昌子内親王)歸宅之後、權左中辨(説孝)爲慶賀來、同車詣
左府、參內、
廿七日、壬子、物忌、不出門戶、只相逢外宿人、招光榮朝臣、令擇可參結政日、云、明後
日甲寅吉也、
廿八日、癸丑、物忌如昨、從女院再三有召、然而依物忌、令申案內不參、左大史國平(多米)朝臣・
奉親(小槻)宿禰等來、示雜事、國平朝臣云、休日參大辨殿、大夫史者著布衣、是故實也云〻、
今日民部卿(藤原懷忠)被下除目云〻、
廿九日、甲(申)寅、巳尅就結政、官掌近吉供火鑪、左少史元倫(和氣)申文三枚、甲斐・越中止(ママ)國申鈎文、少外記爲成(宗岳)申馬料文、訖之
間、權左中辨說孝、祊(初カ)參、右大史守永(文)申文始例、史生明義取署於季祿文、有頃官掌作法如
例、余(藤原行成)起座、出立如例、依晴儀也、宰相中將自左衞(外記門)門陣下、立屛下如例、參內之後、更與權辨
著南所、源少納言伊賴共著、羞饌如例、立箸之後、登時置箸、亦參內、候御前、次奏美濃國絹解文、
次依召參院、仰云、年來御坐左大臣土御門家、亦月來御此一条、依有先例、欲給爵賞於
大臣室家之由可奏、又給三位階如何、其由同加用意可洩申者、依不知御名、詣彼殿案內、
丞相命云、倫子、名(源)元從五位上、又命云、令朝經(藤原)朝臣申法性時(寺カ)座〻(主カ)可補院源之由、去秋所

行成の奏上　勅答
倫子を從三位に敍す
院源を法性寺座主に補す
行成東三條院及び道長に勅答を傳ふ
祿を給ふ
源則忠を東三條院別當に補す

被仰下、令〔今カ〕可令作官符之由、而被仰以前大僧都覺慶可補天台座主、院源事依有僧都實因之□〔愁カ〕申事、相定可被下之由、抑此事先日承仰已了、而今爲仰下內〻令申事由之處、仰旨如此、若有難澁　御氣色歟、有事次見　氣色可示了、更不具記、卽參內、申院御消息、仰云、尤可然事也、早可仰下者也、卽奏只今上卿不參、右大將藤原朝〔道綱〕□〔臣〕候院、便可仰歟、仰云、有便之事也、依請、亦仰云、暫可候者、因仰祗候、於晝御座申〔奏〕左大臣令奏〔申〕之旨、　仰旨相違事之案內、實因之怨只以不補也、院源宣旨已需無由還、亦不被仰下者、爲覺慶失本意、爲院源極恥辱之趣也、

仰云、爲聞所申所令仰也、山座主事令奏可仰他上之由如何事哉、奏云、內大臣已參入、被仰下有何事哉、法性寺事初已被仰案內、今朝遣仰之旨異於先日之趣、如此數日延引者、必可被補者、雖經暫間結欝無端、還亦結欝、不被採用、遂可成恨之者、暫間係念爲公私共無益事也、早可被仰下一定歟、　仰云、覺慶讓狀已收了、收其狀何有任他人乎、但實因愁申之旨、非無由緒歟、依思食〔爲〕聞食定申旨、令仰相定可下之由也、今大臣令申之旨可然、〔可〕以院源補法性寺座主覺慶辭讓替之由可仰下、卽奏　勅命、先參院奏御返事旨、大臣室可敍從三位之趣也、　仰云、此趣可仰左大臣、承此仰之間、大臣被參、成信傳被悅申之由、又便申事由了、院亦被仰云、猶罷彼家可仰者、仍詣彼殿、令右近權中將成信、傳申北方、有祿物、女裝束一襲、亦參院令啓仰了之由、近江介則忠、

示云、被補院別當者、卽令啓慶由、一兩卿相被參、此夜遷御一條院、依家主姫君沽却、（佐伯）公行朝臣所買進也、直八千石云〻、月來御坐左大臣一條第、大臣聊設月酒饌、羞參入卿相以下、亦供御膳、（檀）紫壇地臺盤六基、平中納言陪膳、殿上人傳供、又有御送物、御念珠筥余執之、・御裝束筥一合（源）敎忠朝臣・（源）兼資朝臣執之、・銀手洗・瑠璃水瓶、（藤原）爲盛朝臣執之、又有大破子一懸、各納錦・染絹等、戌二剋遷御、有新宅作法、余供御膳、今夜饗諸司儲之、有碁手、紙、左大臣以下有打攤之戲、事了各退出、

今日以前大僧都覺慶、爲天台座主、

卅日、乙卯、參左府、奉可參春日祭（十一月五日）氏人夾名、卽給爲（橘）義朝臣、遣召外記重忠（菅野）、爲給件差文也、

內大臣於弓場殿、令權左中辨說孝奏天台座主宣命、未被奏之前、大臣於陣腋被示云、例宣命不奏草、此宣命同不可奏、申云、此非可謂例宣命、猶可奏草也、大臣不承引給、還宅檢先例、康保三年（八月二十七日）秋御記云、奏草、仰云（村上天皇）、依案、所申相合、愚者一得歟、

此夕參院、

十一月

東三條院一條院に遷り給ふ

佐伯公行八千石にて買進す

御送物あり

戌二刻遷御

新宅作法

御膳を供ず

碁手

打攤

天台座主覺慶

春日祭差文を道長に覽じ尋で外記に付す

天台座主の宣命を奏す

上卿藤原公季草は奏するに及ばずと確執す

行成の辯

春日祭屋形車文
申文
平惟仲をして伊勢例幣及び祈年穀奉幣追行の日を勘申せしむ
結政
左大辨藤原忠輔等の初參出立晴儀を用ふ
申文の作法
聽直史生を補す
左大辨宣
右大辨藤原行成二條宅に於て下僚に饗祿を給ふ

一日、丙辰、早朝史元倫（和氣）申春日祭屋形車文、
參衙、權辨（藤原説孝）亦參、史元倫申文二枚、平中納言（惟仲）參內、權左中辨（説孝）仰納言云、去九月例幣（伊勢）延引于今、令擇申其日、亦爲祈年穀、去秋欲奉幣於丹生・貴布禰、同可令擇申、納言卽仰辨令召陰陽寮、參院、（藤原詮子）
二日、不出行、
三日、今日官掌以下依例可給祿、辰剋詣左府（藤原道長）、參內之間結政了、辨候出、官掌申時之程也、仍立留、此間小雨、左大辨（藤原忠輔）・右中辨（藤原爲任）今日初參、出立用晴儀、次第入內、辨候申直、右中辨、頃之右大史守永（文）欲申文、左少史元倫來取、在左大辨前床子、更立余前（藤原行成）、退復本座、次守永來、搢笏寄、置申文於床子却座、次不取上文、乍置床子引展懸帋、攬遣三枚書於端方、隨見了置之左方、乍三枚見了、推卷置床子、取返本方、少出自床子、守永來搢笏寄取文、少退拔笏還本座床下、搢笏置文床子、乍立結申、隨許稱唯而置文、如此三度了、卷文犹副笏、居床子、登時還南、
以右史生川淸澄、爲聽直史生之由、左大辨相共定之了、國平（多米）朝臣奉仰、書左大辨宣云々、以笏給官掌、參上殿上、或置床子、依召參朝干飯御座、供奉御理髮、依召詣左府、歸宅、與右中辨同車也、日者寄住道貞（橘）朝臣二条宅也、左大史國平朝臣令申來申（由カ）、卽亦可（示カ）著座之由、國平朝臣以下次第著座、寝殿東南

汁物

勸盃

祿

春日祭使立つ
使藤原實成
行成出立所を
訪ふも著座せ
ず
源保光の敎命
歌舞

祭使等の參內
求子
使に衝重尋で
御衣を賜ふ
良岑氏子を五
節師となす

名簿

御物忌

平野祭
使源濟政

渡殿有座、南北面對座、西上、又官掌・辨候等給座、官掌座東廊、西面北上、辨候在廊南簀子、二獻汁物、三獻立箸、主計頭忠臣(小槻)勸盃之間、北座第一左大史奉親(小槻)宿禰起座、退下長押下、人々云、希有事也、勸盃之面也、目 權左中辨・右衞門權佐宣孝(藤原)・左兵衞權佐能通(藤原)等來、又有一兩大夫、四巡之間給祈(祿カ)、官掌四人各白絹一疋、五位四人取之、・辨候二人、亦(赤カ)各一疋、六位取之、辨候・官掌退出、頃之史等退出、次來令大夫達聊羞酒饌、秉燭事訖、各退出、

四日、己未、參內府(藤原公季)、令右藤中將(實成)爲春日祭使、仍爲□(訪カ)中參向也、次參結政、史不參、仍參內、次亦參內府、今朝有可必參還之命如(也カ)、依 但不著殿上人座、故中納言(源保光)常被示非參議大辨不立衆(會カ)之由、仍不著也、哥舞之間還參內、秉燭之後、使參弓場殿、有可召御前之仰事、此間供夕膳、待撤御膳、卽垂御簾、藏人(藤原)泰通奉仰召使、實成朝臣入自仙華門、候長橋、敷圓座、舞人・陪從立仁壽殿砌內、哥舞求子、之間、賜衝重於使、豫仰泰通令設也、贄殿肴、酒殿等(酒脱カ)、予勸盃、泰通取酌、舞了之間、大藏卿(藤原正光)給御衣於使、々々給之拜舞而退出、勅云、良岑氏子爲五節師、卽給名簿、々々注從五位下良岑朝臣氏子、長德四年十一月三日、依宣旨仰其人云々、今夜退出、

五日、庚申、參結政、無史、入內、依御物忌不參殿上、頃之亦參結政、奉親宿禰一人參、史仍亦不著退出、

今日平野祭、使阿波權守濟政(源)去夕不籠御物忌、仍宿侍人木工權頭近信(藤原)、御禊間候庭中座、參院、(行間補書)(爲尊親王)詣彈正宮・左符(府)、歸宅、又參內、宿侍、

宣命

平中納言參、奏宣命、給使、

春日祭使還饗

六日、自內退出、晩景參內府、奉訪祭使還饗事也、入夜使歸、歸一条、新少將(藤原成房)來宿、

七日、

藤原時光息法師と同齊信の牧童と鬪亂す

檢非違使別當藤原公任之を奏せしむ

八日、昨今物忌也、惟風(藤原)朝臣來云、藤中納言(時光)息法師狂惡者也、與宰相中將(藤原齊信)宅牧童相鬪、童被疵北走、法師追之入中將宅、童北而去、法師走上廊、更追中將、于時中將在廊間也、則光(橘)朝臣慮外來會、捕法師、卽令忠親(藤原)朝臣送別當(藤原公任)云々、卽差基賴(藤原)奉問、權尚書(說孝)示別當、令行正(藤原)奏此由云々、新宰相來臨、

伊勢例幣を追行す

八省院行幸

參議兼左近衞中將齊信御輿に供奉す

九日、早朝參內、行幸八省也、依去九月例幣(伊勢)延引、今日被奉遣也、未剋出御南殿(紫宸殿)、御輦候日華門不進、尋問其由、依左次將不候也云々、有　勅宰相中將供奉、新任少納言朝典(藤原)昨日初參、欠(坎)日也、今日候、人奇之、此夜宿侍、

藤原伊祐觸穢に依りて五節獻上を辭退す

源兼資をして奉らしむ

十日、伊祐(藤原)朝臣參北陣(朔平門)、令藏人泰通奏依觸穢不可奉五節之由、卽差泰通仰遣左大臣第、以兼資(源)朝臣可令奉舞姬之由、又仰兼資朝臣云々、

結政

十四日、參結政、今夕亦參內、

日上惟仲

申文五枚

十五日、自內參結政、平中納言著廳、右(左)大辨同就云々(之カ)、晴儀也、左少史元倫申文五枚、大宰府申與權少貳紀朝臣定興解由文・神護寺年分文・伊豆班符文・神祇官申春日社預殖栗時正讓文・同官申伊勢鈴鹿

南所文三枚
出立の儀
樂所始
藏人所雜色出納及び後院預を補す
藤原陳政を脩子內親王家別當となす
同內親王著袴御儀のことを藤原道長に仰せ給ふ
道長中宮に詣す
行成の物忌
正月敍位の藤氏京家爵の巡に誤あり
內藏文利と藤原文利

郡野邊社文、文東收後、奉親宿禰置可申南文三枚、予未參前、左大辨爲著廳先令結、而今予後來、仍又欲結之、右中辨爲任、示氣色、不更結、共是先例也、廳事了、上卿著南、官掌作法如例、起座出門、先揖外記・史、次向坤方斜行、到左衞門（外記門）陣北架南、與架平頭去東一許丈立留、遙揖辨、立南所門北樹下也、入內著陣腋床子、卽亦參殿上、罷出、詣藤相公（誠信）御許、兵（藤原公信）衞佐初參樂所、相共參左府、次參內、候宿、

十六日、自內欲著結政、〻〻了入內、仍不著、勅云、以主殿助藤原賴明・蔭孫同貞光、爲藏人所雜色、中務少錄尾張如時爲出納、以菅原爲職左大臣申、爲後院預、以內藏頭陳政朝臣、爲脩子內親王別當、此由先仰左大臣、可仰八（下カ）、又內親王可著袴日令勘申、來月十七日可吉、其間事相定可申之由、同仰大臣者、卽詣彼殿申仰旨、卽仰國平朝臣後院預・一宮別當等事、次詣新宰相殿、次參院、此間左府參中宮（藤原定子）給云〻、仍亦參職御曹司、中宮御在所、次參內、次左府出給、候御共、此夜歸三条、

十七日、

十八日、昨今物忌、

十九日、去正月（五日）敍位、藤氏爵巡相當京家、奉申文者二人、文利（內藏）・賴延（藤原）等也、京家長者輔遠（藤原）所擧、文利當巡賜爵已了、而敍位以後經一兩日、又有文利（藤原）者、令愁申云、側承本系所勘文、晴（藤原）

內藏文利藤原氏を詐稱す
京家長者藤原輔遠內藏文利の屬託を受く
藤原文利氏長者道長に愁訴す
詐僞露顯
輔遠に過狀を進めしめんとす
輔遠卒す
會赦
惟宗允亮をして先例を勘申せしむ
天曆七年王氏爵巡の例之に叶ふ
位記を返進せしむべし

見孫・諸兄(藤原)男・文利當巡之由云々、而內藏文利者實是藏人有興(內藏)男也、□(而中カ)間竊改內藏姓、偁故土左權守佐忠男也、今又改內藏姓、更雖稱藤原氏、無著其父祖、不知誰子孫、至于文利者、京家末胤、已載氏籍、年來雖有榮爵之望、難遇汲引之人、是則窮困齡傾、不好出仕之故也、今稟家之餘慶、不慮鍾此爵賞、而未賜位記、相尋其由緒、則京家長者輔遠朝臣、受內藏文利之屬託、暗僞令改替姓字、初獻申文、後請位記也者、事之非枉可候裁定者、卽申長者殿(道長)、召輔遠朝臣令問之處、辨申之旨事無分明、多失理致首尾倒錯、重問其旨、所答相違、詐僞已露、過怠難遁、仍以此旨申長者殿下、有可令進過狀之仰、卽召仰此由、無敢所申、默而退去、後日重差使者雖令遣召、左右遁避、早無參來、其間疾疫盛發、病死不絕、遣召之使同受此病、被召之者又以卒去、此間去七月中(二十日)、天下大赦、抑詐而授之者已雖□(亡カ)歿、假而受之者亦雖會赦、至于位記可令返進也、但法条所指暗以難知、如此之事亦有先例歟、□(若有カ)所見可勘送之由、令人示允亮(惟宗)朝臣許、登時允亮朝臣來示云、去天曆七年王氏爵巡、相當於元慶御後(陽成)、氏是定式部卿元平親王、以貞觀御後(清和)源經□(忠)、爲元慶御後王氏、申闕榮爵、依有事聞、令法□(家カ)勘申所當罪狀、親王幷經忠遠流、但親王可官當、依官高可贖銅者、其後有大赦、又依宣旨□(勘申カ)云、所當之罪科可原免、所給之位記可返進者、□(此度カ)之事已叶彼例云々、

勸學院別當等荘使を定む
結政
源道方初參
申文三枚
參內晴儀を用ふ
道長の息藤原頼通に童殿上を聽す
殿上簡に付す
勸學院物忌
五節帳臺試
同御前試
新嘗祭
御物忌に依りて中和院に御せず
豐明節會
內辨藤原公季
外任奏
大歌別當代
見參等を內侍に付して奏す
御鷹飼を補す

院(勸學院)別當行忠(藤原)・致孝等來、定諸荘使事、

參結政、今日左少辨道方(源)朝臣初參、左少史延(美麻那)□(政 召カ)文剌、史(使)部進之、次左大史國平朝臣又狄文剌、挿文置之、次右大史晴光(常澄)結申文一枚、次延政就□(膝)突、中文三枚、素光寺申久佛院供僧義藏替文・天□寺□(爲カ)興福寺別院□(以カ)明久爲別當文・善雲寺文、此間國平以初挿文剌之文、申左少史、仰延政天□(寺カ)□文、以住持申可爲別院之事、續先例可申之由、□(權カ)辨參、剋限了參內、晴儀也、次參殿上、次詣左□(大カ)殿、鶴君(藤原頼通)田つ、可昇殿、依相府命、書名簿二枚、□(一)枚東宮(居貞親王)料、一枚內料、□、卽給予、爲奏聞也、大臣參內給、候御共、卽奏名簿、□(ミミカ)下給、卽下出納允政(惟宗)、令權左中辨藏人、付簡、小舍人蔭□(孫)藤原朝臣頼□(通)、

廿二日、昨今依勸學院物忌、不出門戸、晩自內有召參入、此夜五節參入、內大臣・平中納言・近江介(源則忠)・馬權頭(兼資)、式部丞泰通□(行カ)事之、

廿三日、御物忌也、御前試、丑剋事了、

廿四日、依御物忌、不御中院、

廿五日、節會、無御出、內大臣爲內辨、小忌左大辨一人也、□(上カ)卿有障不參、內大臣付藏人權辨被奏外任奏、又令余奏大歌別當不參、以大納言源朝臣(時中)令奉仕、見參・目錄・國栖見參・宣命等、源大納言付內侍□(令カ)奏、內大臣有所勞、出給也、子三剋事了、以右近府生下毛野公奉、爲御鷹飼之由、依 勅仰出納允政、撰(源)朝臣不勤事之替也、

行成の物忌
諸國講讀師簡定文
官所充文
賀茂臨時祭試樂
御馬御覽
一舞を仰せず
參入の公卿
賀茂臨時祭
參議をして宣命を奏せしむ
御禊
舞人等に重盞を賜ふ
挿頭
入御
一舞藤原經通に昇殿を聽す
出御
還立
御神樂
輕服者を召す

廿六日、自內參結政、史奉親宿禰一人參、仍不申文、詣左府、
廿七日、物忌、
廿八日、史（卜部）爲親來、中僧綱申簡定孟冬講讀師文・所充文、（太政官）厨家權左中辨說孝・大粮所左少辨道方・造曹司所左中辨順（高階信順）、
廿九日、參結政、無人、仍參內、催（賀茂臨時祭）試樂事幷御覽御馬、次亦參結政、史爲親申文、剋限了參內、御馬之間依近衞府不候、余候東欄、先取毛付見、御覽了、於殿上尻付之後令下給、試樂不被仰一舞、只次第舞也、藤宰相・左兵衞督（藤原高遠）・左大辨被參、事了白地罷出、亦歸參、
卅日、賀茂臨時祭也、（藤原）經通兵衞佐於宿所（作物所北面）裝束、依相公（懷平）被示令儲垸飯、依　勅雖遣召納言以上、皆申障不參、仍有　勅、仰藤相公可奏宣命之由、有例也、御禊了、所司鋪設幷居衝重等如例、〔使〕□以下就座、一巡藤相公舞人座、・大藏卿陪從座、二巡左〔大辨カ〕□・下官（行成）、一兩巡後重盞、舞人座余・泰通六位、陪〔從〕□座中（藤原）尹六位、訖給挿頭、使以下退去、入御、此間勅□經通免昇殿、次亦出御、歌人等不待召、歌□□〔一二哥カ〕進立架邊、非例也、次仰一舞、宣孝・經通、駿河舞後、奏宣命、次求子、事了與相公同車見物、亦還參內、子二剋使等歸參、有御神樂事、依承平〔六カ〕□年例召輕服、成（源）信中將・道方辨等應召參入、
經通昇殿事奏下、依相公被示也、

藤原懷平息同經通の昇殿の慶を申す
東宮御遊
强盜宣耀殿に入る
東宮同殿に渡御
その由を奏す
諸陣の見參を取らしむ
藤原行成室產氣あり
行成觀修を請ず
男生る
室邪氣あり
觀修の加持により平産
天智天皇國忌

十二月

二日、參結政、詣入道(藤原義懷)中納言御房、中少將明(藤原成房)□(春カ)祭使事、歸宅、藤相公(懷平)被過、依右兵衛佐(藤原經通)昇殿之慶也、入夜左少辨(源道方)來臨、同車參內、次□(參カ)次(衍カ)參東宮(居貞親王)、有絲竹之興、盃酌無筭、及深更□(之間カ)、或云、宣耀殿(藤原娍子)有偸兒、取女房等衣裳、儲君驚遷御彼殿、宮臣等皆候御共、尋問、盜人五人入自西面北戸、其所爲盜强(强盜カ)云々、于時丑二剋也、卽參御所奏案內、且遣召檢非違使、又令取諸陣見參、令問諸衛直官人等、此間京兆(源泰清)送消息□(云カ)、有產氣色云々、卽令奏事由、又件事等示付□(右)衛門尉(藤原)行正、白地退出、先參院(藤原詮子)、爲請大僧都(觀修)也、僧都被云(示カ)、只今可始後夜、時々後可至(之カ)、□(亦 詣カ)左府(藤原道長)、此間鷄鳴、申此夜案內、次歸宅、

三日、自左府退出、及曉京兆出、被示產事遂之由、男子云々、爲悅不少、卽還參之間、內(藤原公季)府被參內、日出右大將(藤原道綱)被參、有頃左府參給、午剋京兆消息云、雖遂產事、今一事未遂、邪氣所爲歟、僧都雖來臨、忌觸穢不著座、早退去云々、仍驚亦詣彼房中案內、同車到三條、僧都乍立加持、一念珠間平安遂了、邪氣雖成妨、佛力依無限也、歡喜々々、此間少將成房、訪來、卽同車至少將宅休息、次亦參內、

今日國忌(天智天皇)也、

藤原正光の息二人元服す

强盗の嫌疑者に假を給ふ
藤原公季の奏請に依る

行成の物忌

七夜來訪の人々

盃酒あり
湯讀書
產婦等の前物

屯食

位祿官符及び信濃權介計歷宣旨を外記に付す
中原貞淸の儒牒

四日、候內、
五日、自內著結政、出宣陽閤(門カ)之間、結政了、左大史(小槻)奉親宿禰以下入內、卽立加著陣腋、罷出、詣大藏卿(藤原正光)御許、二人息郞今日加元服云〻、爲相訪也、次到三條、乍立謁京兆、次詣內府、與藤中將(實成)同車、亦參內、
六日、左近案主代秦武扶依盜嫌疑候獄所、而依內大臣被申、奏事由免給其假、右衞門尉行正奉　勅命仰別當(藤原公任)云〻、罷出、參院、左大臣被候、亦候御共參殿、次歸宅、
七日、今明物忌也、
八日、平產七夜也、左馬頭(藤原)相尹、・左源中將經房、・藤中將實成、・權左中辨(藤原)說孝、・右中辨(藤原)爲任、・新少將成房、・右兵衞佐經通、・權佐(藤原)公信、・阿波權守(源)濟政、・藤式部泰通、・右衞(門脫)尉行正、・右衞門尉(橘)則隆、等來、聊羞盃酒、諸大夫廿許人雜役、內藏頭(藤原)陳政、・左馬權頭(源)兼資、追來、夕湯了讀書、(菅原)宣義朝臣被物、褂一重・袴一腰、皆用白色、產婦前、內匠頭(源)致道、女房衝重卅前、外記(菅野)重忠、饗卅前、廿前殿上人料、內藏□(允)(丈部)□(保)實、廿前侍料、飛驒守(大春日)遠晴、屯食九具、一(大中臣)宣茂、一成光、二(大中臣)千枝、一高輔、一廣信、一雅賴、二穀倉院、
九日、早朝召保實給祿、白褂一重、位祿官符爲令請印、付外記(能登)守成、亦依左府仰、信濃權介景盛計歷宣旨令傳大外記(中原)致時朝臣、又明經得業生(中原)貞淸儒牒早可成之由、示送博士(中原)致明朝臣許、是致時朝臣所示也、參結政、參內、罷出、詣宰相殿、奉謁北方(源保光女)、

大雪

御體御卜奏
上卿公季

十日、大雪、參結政、官史(史・官カ)掌等不參、仍直參內、時辰三點、頃之召辨候連瀧仰參由、至未三剋、上卿不參、召外記重忠、問上卿參否之案內、皆有障云々、卽奏事由、令內竪遣召之間、內大臣自北陣(朔平門)參入、依勅著陣行御卜事、初宿衣被參、而今依仰束帶被行也、此間內竪申諸卿皆有障、左大辨(藤原忠輔)候陣、上卿不被參之間、仰外記重忠、令勘申參議奏行御卜事之例、依仰也、

月次祭神今食御物忌に依りて中和院に御せず

藤原相尹等行成室を見舞ふ

十一日、候內、依御物忌不御中院、子剋從宅告來女人病惱危急之由、仍罷出、新少將・賴(源)貞等相從、

行成廣隆寺に詣す

十二日、早朝左馬頭・左少辨來臨、聊羞盃酌、□(午カ)剋許爲訪申承香殿女御(藤原元子)、詣廣隆寺(山城)、及昏參內、

復日に依りて阿闍梨宣旨を後日に下す

元日擬侍従并に荷前定公卿分配を定め諸社御讀經のことを僧綱に仰す

東三條院內裏に入り給ふ

十三日、候內、左府被參陣、卽□(補カ)阿闍梨宣旨六枚被奏、今日有復、過今日可下給、被仰依請、

元日侍從并荷前使事幷諸卿分配等被定申、諸社御讀經大般若・法華經事、奉綸旨遣仰諸僧綱等許、仰書旨等在別、可注付、酉剋與式部丞泰通參院、今夜戌剋參內給也、左府候宿給、

位記召給
上卿平惟仲

藤原道長行成をして雜事を奏せしむ

十四日、位記召給也、自內參官、平中納言(惟仲)・左大辨著廳、予還參內、罷出、詣左府、有被奏事等、先日所任僧綱・內供等宣命未讀、須給官符、又改元事明年正月可行、又五位以上不可畿(出脫カ)外之由、法條所制也、而前下野守維衡(平)・散位致賴(平)等、率數多部類、年來之間住

平維衡同致頼等年來伊勢神郡内に居住す

伊勢國神郡、爲國郡□(多カ)有事煩、致人民之愁云々、仰大神宮司(大中臣公忠)幷國司等、可令追上之旨等也、歸宅、

位記を付す

東寺中大和明賢位記、付奉京兆、弘徽殿女御(藤原義子)被申丸部守忠位記、付內藏頭令傳奉內府、

此夕與右中辨同車參內、

道長家讀經
道長東三條院に書を奉る
冷泉院御佛名

十五日、依召候御前、奏雜事之間時剋推移、光景既傾、仍不參結政、晩自內參左府、今日御讀經始也、次亦參內、爲左府御書奉院也、與藏頭(陳政)(內藏頭)同車、次亦參冷泉院、御佛名也、事未了、與成信(源)中將同車、歸參內、

陣申文
行成右大辨の後初めて申文に候す
申文三枚
上卿道長
官奏
候すべき文十一枚
御物忌
勘解由使長官同局主典を推擧す

十六日、候內、左府自去夜候宿給、是依可有官奏・直物等也、今日於陣被定申雜事、有陣中文、任大辨後今日初候中文、左少史元倫(和氣)中文三枚、伊豆鈞文・伊与鈞文・伊賀前司(橘)元愷解由等、此間左大辨暫立壁後、予見中文、了史還南、更持文刺渡北之後、予起□(床カ)子、立敷政門北腋、新宰相(懐平)加北座之後、進就陣□(座カ)、到座下、幷著座之後共有揖、目(因)大臣端笏、中文、上目、予稱唯、後右顧、史進候小庭、大臣目、史稱唯、參進奉文事等如例、了史退出、予起座退、揖如前、次左大辨就床子、元倫亦候奏、左中辨(高階信順)(大字カ)覽上、文十三枚、難書二枚、可候文十一枚、雖御物忌、依覆推申輕由、奏□(申之カ)後上御簾、只卷御座間也、但奏上幷(辨カ)・奏書等候宿也、勘解由長官(公任)右金吾兼官也、被示主典等或煩身病、或亦城外、使局公事忩忙、異於他處、然而依無勘署之人、殆可蒙懈怠之責、以諸司官人等中可堪事之者、可被

直物
除目
直物勘文を奏す
內給
公卿給
諸人の申文
直物尋で除目を奏下す

除目の人々

諸寺別當を補す

極樂寺座主
延曆寺阿闍梨を補す
諸寺分

源倫子の位記

遷任之□(由)、可經奏聞者、大舍人屬竹田宣理、被薦擧者也、官奏後有直物□(幷カ)除目事、亦被定諸寺別當、左大臣被奏直物勘文、入筥、仰云、任勘文可削改、此次奏勘解由長官申旨、聞食了、次內給文二枚、公卿給二枚、人〻申文等下給、亦被仰以景齊朝(藤原)臣任太皇太后宮亮、物部□(利)孝任木工屬、知神樂者也、源雅通任右近權將監□(之カ)由、以故左大臣(源雅信)男一度所任、先下直物、後亦給公卿給文之次仰此事、削改舊召名幷今日除目等被奏、卽被仰可下給之由、

除目、太皇太后宮權亮藤景齊・少進同時正・笇博□(士)曰下部保賴兼、・木工少屬物部利孝・造酒令史御使惟用・主水令史大宅茂永・齋宮大允坂合部貞親・修理大屬伴諸兼・笇師高橋康樹・勘解由主典竹田宣理・右近權將監源雅通、

又仰云、昨日下給諸寺別當文等定申次、以權律師深覺、欲補東大寺之事、同可定申其可否、

以權律師深覺、爲東大寺別當、僧松興爲元興寺別當、廣隆寺別當、能治者也、僧輔靜爲藥師寺權別當、僧喜朗爲新藥師寺別當、法橋上人位觀敎爲崇福寺別當、大僧都實因爲極樂寺座主、又以忠連・光休・蓮舫以上覺慶解文、・順朝・敎靜・症命、以上歡(觀)修解文、並爲延曆寺阿闍梨、兼捻爲元慶寺分、明普・尋圓爲慧心院分、梵昭爲積善分、(寺脫カ)件事子細見目錄、式部丞泰通令奏來廿五日可著座之由、仰云、十七日可著、權中將成信、令奏云、左大臣室(源倫子)位記明日除服之後持罷

脩子內親王參內し給ふ
輦車
同內親王著袴御儀
御物忌に依りて渡御なし
道長御裳の腰を結び奉る
歌酒の興あり
道長に引出物の馬を給ふ
內裏より小御裝束を賜ふ
東三條院に參り給ふ
御佛名僧名定
道長家讀經結願
東三條院內裏より退出し給ふ
御佛名
御物忌
荷前
大神宮司及び檢非違使の宣旨を下す

如何、可隨仰、仰云、聞食、此夜女一宮(脩子內親王)自式御曹司參內、殿上人候御共、輦車入自朔平門、藏人行正仰之、平中納言被候御共、

十七日、亥一剋女一親王於登華殿御著袴、年三、南廂有上達部幷殿上座(人脫カ)、東簀子敷鋪高麗疊、今日主上(一條天皇)依御物忌不渡御、差藏人右中辨爲任、遣仰左大臣許可參之由、又仰左右馬寮以各一疋、可充引出物析之由、左大臣結御腰料也、亥二剋有御著袴事、左大臣入簾內、結御裳腰、是前於東簀子、以衝重羞大臣以下、聊有歌酒之興、大臣依有氣色、參入簾內結腰、了退出、有祿、即給御馬二疋、左近將監尾張兼時牽左御馬、右近將監藤原基賴牽右御馬、殿上人等又給祿、先是剋限之前、爲任(爲脫カ)御使持參小御裝束二具、給祿、事了人々退出、子剋一宮參上院上御廬給、

十八日、早朝定申御佛名導師等、定額芳慶・慶筭・聖胤、次第日歡(觀)・觀禪・戒秀、了下出納允政(惟宗)、御佛名來廿一日也、次詣左府、御讀經結願也、了退出、

十九日、參結政、今夕參宿、參內府、

廿日、早朝退出、今夕參宿、丑剋院出給、

廿一日、御佛名始也、依御物忌、僧等候宿、行事方弘(源)、初夜御導師芳慶・後夜慶筭、泰通仰之、

今日有荷前事、伊勢大神宮司千枝(大中臣)事宣旨下、又右衞門志縣犬養爲政檢非違使宣旨下、

東三條院御釋經
御佛名第二夜

同結願

後朝

土佐講師宣旨を下す
內藏文利返上の位記を實の京家藤原文利に給ふ

豫て大中臣千枝に宮司の將來宣旨を給ふ官符は藤原繁子に給ふべし

東三條院御佛名

宣旨十三枚を下す
鴨河堤覆勘行事辨等の巡路

官行事所の幄に還著す

廿二日、參結政之間、比至左衞門(外記門)陣之內、結政訖、大辨以下入內、白地罷出、午剋參院、自昨有御讀(法華八講)經、釋經也、此夕與左・右少辨(藤原朝經)同車參內、左少辨下於陽明門、便語付剋限導師事可仰堂童子之由、與右少辨參院、暫之又參內、丑剋參上、

廿三日、御佛名也、初夜慶筭・半夜戒秀・後夜芳慶、自餘雜事又如例、依權左中辨示、著雜色賴明(藤原)後朝所、

廿四日、退出、招佛師康尚、示土左講師宣旨下之由、院別當(勸學院)行忠(藤原)持來內藏文利返上藤原文利位記、卽參長者殿(道長)、申文利位記返上之由、命云、可給實文利、又伊勢大宮司公忠辭替、可補千枝宣旨被下、又被仰官符出來者可給前典侍(藤原繁子カ)之由、件宮司依故二条關白(藤原道兼)申、給將來宣旨已了、隨則彼後家取公忠辭書、令奏之處、宣旨下者、任本宣旨、可給任符於彼家也、而以典侍有所愁申、不給本家、更給他人之事、甚不當之由、有事次申左府、又右衞門志縣犬養爲政使宣旨事、可仰他上者、其次種々雜事中承甚多、次亦參院、御佛名也、次參內、

廿五日、下給宣旨十三枚、今日鴨河堤覆勘也、自陣腋與左中辨以下、率外記・史等、出自陽明門、至洞院東路北行、自上東門東行、至万里(小脫)路、更北行、自戻橋路、出鴨下御社西堤下、自堤上南行、至六条以南、更還著官行事所幄、以後事之多不注出、相尋可注、

東三條院御釋經結願
道長息巖君苔君の著袴
陣定を行ひ維衡致頼等合戰のことを議す
兩人召問の宣旨を下す
行成の物忌
鴨河堤幷に諸寺覆勘文及び伊勢國司進上の合戰文を奏す
東三條院より新寫の大般若經一帙を奉る
申請の文五通を奏す
宣下の文二通
行成私荷前
僧綱召
宣命を奏下す

次參院、御讀經結願、僧等給祿、次參內、候宿、此院殿上有垸飯、巖君(藤原頼宗)・苔君(藤原顯信)著袴云々、左大臣息子、宮君腹、(源明子)左府參給、

廿六日、候內、左大臣於陣被定申雜事之中、伊勢國維衡・致頼等合戰事、可召國司、重可遣召維衡・致頼之由宣旨下、卽仰國平朝臣(多米)以左・右衛門番長堪事之者、可爲使之由、

廿七日、

廿八日、昨今物忌也、

廿九日、參左府、覽鴨河幷法隆・藥師等寺覆勘文、伊勢國司辨申維衡・致頼等合戰狀文等、命云、可奏、申云、日者所勞侍、昨夕不參內、今日猶雖難堪、此文書等早爲令覽、相扶所參候也、亦命云、猶相扶參腋陣邊、可令候宿人傳奏、卽參內之間、自院有召、卽參、有被仰雜事、參內、令右中辨奏左大臣令申事等、仰云、暫可候、令行正奏(奉カ)大般若經一帙、新書寫、是依院仰、從去廿一日所令奉仕也、仰付出納允政、又付右中辨令奏慶算申法橋文・佐渡國申被盜失調物文・伊賀國司(橘爲義)申明年以後二箇年別納租穀爲築垣析文・式部大輔(菅原輔正)申給忠貞(菅原)學問料文・但馬守生昌(平)申重任文等、佐渡文・學問料文宣旨下、罷出、拜荷前、晩景亦參內、先詣左府、次參內、催追儺事、依仰令問懈怠之由、依僧綱召事、依可改作宣命、所遲々也者、平中納言自南廊更還入、令改宣命奏之、下給、僧正觀修・大僧都穆筭・權大僧都明豪・少僧都濟信、

追儺
丑二刻

丑二剋追儺、了罷出、

「(標紙題簽)行成卿記　長保元年秋冬　六」

「(小口外題、元包紙)春記

長保元年記　自七月至十二月　墨付四十六枚續」

(端裏書)「長保元年記下　隆名朝臣」

長保元年

七月

一條院內裏北對遷御延引

東三條院藤原道長の土御門第に遷り給ふ

一日、參內、明日可遷北對(一條大宮院)之事延引來八日、候宿、丑剋院(藤原詮子)遷御左大臣(藤原道長)土御門第、

法興院に於て藤原兼家忌日法會を行ふ

平惟仲の辭狀を奏す

二日、早朝與大藏卿(藤原正光)同車參院、次參左府、未剋許詣法興院、次亦參院、參內、外記爲政(慶滋)持來平中納言(惟仲)辭中宮大夫狀、卽奏、候宿、

源重光周忌法事

故前大納言(源重光)周闋法事於松前寺(圓明寺)修之云々、

惟仲の辭狀を収めしめ給ふ
藏人所小舍人と內藏寮下部と闘亂あり
內藏寮御湯殿今衣料の手作布を進めず
寮屬竹田利成召に應ぜず
寮下部拔刀す

三日、候御前、被仰平朝臣辭中宮大夫狀□（收事カ）、內藏寮下部自去夕爲下給獄所、令召問右衞門陣云〻、尋問其由賴（源）行（貞所）云〻、賴貞云、御湯殿今衣絎手作布日者雖令召內藏寮、〻官人申左右之由、于今不進之間、去夕有指仰、遣召屬利成（竹田）、而使小舍人淸武歸來申云、利成只陳有所勞之由、不詳申參不之由、仍妻女爲令承案內、差寮下部令參、卽賴貞慥仰含事由、差加淸武・安重等遣之間、淸武走歸申云、安重與寮下部成小論、□（下部カ）拔刀、仍爲令申此由□（忩歸カ）參也者、登時亦安重參來申、下部爲罷逃、成放言拔劒之間、安重抱下部、〻□（〻カ）釼、其釼卽從者取去者□（云〻カ）、件事去夕內難決云〻、

藤原行成の意見

仰云、寮下部拔刀事尤可誡、但令（可脫カ）勘糺其眞僞歟、偏以小舍人所申、不可爲實誡、又暗夜拔刀之□事、甚非常□（也カ）、相定□（之カ）間二人小舍人所申各不同、加之拔刀事實否□難決、須奏事由、又申左府、相共下給獄所、可給檢非違使也、

道長の指示
雙方勘糺し戒飭の上優免すべし

晩景左府參給、卽申件事、命云、小舍人所申雖不可疑、諸司下部無由不可拔刀、若依小舍人致苛法□（中カ）途譴責、爲遁其事所爲歟、若無所責只拔歟、若無所責只拔者、下部可有其罪、若小舍人以無實事申之者、亦可誡小舍人、惣共令勘糺、可知實僞也、近日如此殊加優恕、能誡仰事由、可免給者、卽仰賴貞、

平親信及び藤原說孝に昇殿を聽す

申剋依召候御前、仰云、修理大夫親信（平）朝臣・權左中辨說孝（藤原）朝臣可聽昇殿、卽仰出納（尾張）如時、

藤原實資室周忌法事

此日太皇太后宮大夫(藤原實資)室家女(婉子女王)御周闋法事於禪林寺修之云々、

四日、罷出、夕參、

五日、候、

御讀經定

御諷誦幷に一條院内裏北對御裝束のこと等を仰す

六日、罷出、詣左府、命云、今日於陣定申明後日可渡御北對以前御讀經僧名等了、廿口、自明日三箇日間、御誦經可令奉仕廿一寺、事仰廣業(藤原)、亦明後日御裝束事同仰了、彼日大殿祭事可仰權左中辨者、翌日仰之、又詣藤相(懷平)公御許、□□(參ヵ)內、

乞巧奠

御本命供

七日、爲御方違可御東對、其御裝束事仰泰通(藤原)、今夕乞巧祭、於南殿北對可奉仕之由、仰行事藏□(人)廣業、覺緣於般若寺奉仕夏季北斗供御本命、今日結願也、仍行事則隆(橘)赴彼寺、

内裏西對北庇を女御の曹司となす

西對北庇可爲女御(藤原義子・同元子)達御曹司之事奉仰事、

故良三位法事の料物を給ふ

源典侍(說孝妻)傳　勅云、故良三位法事可修之由、右近有令申、可給物者、

内裏東對に御方違

此夜移御東對、御違方也、

内裏北對御讀經

八日、巳尅於北對有御讀經事、僧綱四口、凡僧十□(六口ヵ)、撾鐘後近衛出居、卿相參上、僧侶

行香

次之、朝夕二座、共有行香、修理已了、欲遷御也、

行事藏人

御帳・御厨子等事泰通、御裝束・鋪設・御坐等事兼宣(源)、御簾事廣業、御障子等事實房(藤原)、

御諷誦
巨勢廣貴をして鬼間の白澤王形を畫かしむ
惟仲の中宮大夫停任宣旨
大殿祭
內裏北對渡御
御反閉
祇候の公卿
御物忌
饗饌
吉書を奏下す
行成陪膳を勤む
名對面
花山法皇藤原成房の病を問ひ給ふ
御前定を行ひ造內裏等のことを議す
上卿道長
計廊間數文

御讀經事則隆、御裝束所衆等奉仕、仰廣業令奉仕廿一箇(寺脱カ)御諷誦、賴貞依重服不令行此間之事、廣(巨勢)□(貴)畫鬼間薄託王形、右少辨(源)致書傳平納言消息云、先日所獻中宮大夫辭狀、有□(恩)□(許カ)之由、所傳承□□(也、而未カ)被□(下カ)停任宣旨之間、本□(宮カ)文書等持來、然而已獻辭狀□□(之人カ)不可加署、況承恩許之由、加之沉痾不能與奪職務、早奏案內可下停任宣旨、卽申左府、又奏事由、依勅仰內大臣(藤原公季)、□(御裝カ)束了、神祇官供□(御カ)殿祭、中二尅渡御、自去夕御東對、道經南殿乾角戶、右中將(藤原)實成候御釼、少將(藤原)兼隆候御笘、(安倍)晴明□(奉仕カ)反閇、了給祿、左大臣・內大臣・宰相中將(藤原齊信)・□(源カ)宰相(俊賢)被祇候、左大辨(藤原忠輔)御讀經之後退出了、自去(マヽ)日至于明日御物忌也、殿上饗內藏寮、女房衝重卅前穀倉院、今日依吉日移御後□□美濃國率分□(絹カ)卅疋解文、卽下左大臣、〻〻下給權辨、〻〻昇殿之後、有□(奏カ)給吉書之氣色、仍中案內下給也、次供朝膳、(藤原行成)余陪膳、宿侍、名對面、燒亡(六月十四日)以後今日初有此事也、

九日、退出、參院、詣彈正宮(爲尊親王)・藤相公・華□(山)院・左府、少將(藤原成房)俄有所惱、卽差使問、退出赴少將許、華山院御行此宅、少將今朝甚不覺、今間頗宜、湯治驗也云〻、臨夜歸宅、

十一日、參左府、次參內、今日有造宮定、御前裝束如除目議之儀、左大臣依召參上、次右(藤原顯光)大□(臣)以下有召參上、左大臣蹔之召紙・筆、藏人所儲之、大臣書別當、(多米)國平朝臣持來計廊間數文、合百九十四間、宣陽門

國充儉約定文を殿上辨に付す

行事別當行事辨史

施米のことを定む
上卿道長
施米目錄山々文

施米文を奏す
道長施米使を誡めしむ

臨時仁王會日時文及び一條院內裏莊嚴殿分文を奏す
會料米所課の國々

以北廿八間半、以南廿六間半、南面承明門東西各廿間半、西面陰明門以南廿六間半、以北廿八間半、北面玄暉門東西廿一間半、依仰差史一人、與木工・修理職大少工等令勘申也、依召進大臣後、被支配諸國左大辨書之、□〔乍本座カ〕書之、謂宰相座也、次被定儉約事、大臣以下退、於殿上左大臣以定文等、給權左中辨說孝朝臣、

別當大納言藤原朝〔臣脱〕道綱・參議藤原朝臣齊信・源朝臣俊賢、以上一枚、行事權左中辨藤原朝臣說孝・右中辨源朝臣道方・右大史文守永・美麻那延政、以上一枚、

十二日、參左府幷內、

十三日、參內、昨日左大臣被奏山陵使事可被召仰他上卿事、又仁王會事可被催仰之由、仍今日有仰、召遣民部卿〔藤原懷忠〕・太皇太后宮大夫・藤中納言〔時光〕、左大臣於陣被定申施米事、左大辨雖參退出了、仍余著床子、見施米目錄幷山々文〔東西北三箇山〕、有供寺不入、陣官告召由、卽參候膝突、被問施米文具否由、申具候之由、依有氣色、就座而顧、史守永捧筥進之大臣座前、大臣一見之後、令右中辨奏之、奏覽了返給、大臣目、仍令官人召史罷筥、大臣仰云、先々使有不如法之事云々、此度殊差副史慥令給□〔之カ〕、退座仰國平朝臣、○コノ條、西宮記・江家次第ニ收ム、太宮大夫申障、藤納言參入、奉仰之後奏仁王會日時□〔文カ〕、廿二日・廿四日、又堀川〔一條カ〕院飾殿分事文、又被奏云、會析米土左國米五十石、先日雖召、申不堪由、重令催仰之處、國司〔藤原光尹〕申云、依召進上半〔米カ〕百八十石內、有召者可進之由者、又美濃所召五十石之內、卅石許者、以明年々析

熟食の國は他用に充てず勅裁

内藏寮請奏を下す

行成盂蘭盆供
行成藤原安隆宅を借る
三條宅築垣

安隆は任國にあり

御惱に依りて道長第競馬を停む

御齒痛の御卜御祭日時勘申

行成中宮に詣す

道長橘道貞宅に移る

行成攝津味原御牧司の申文等を道長に披陳す

内可進者、仍令仰寮(内藏寮)、〻申、熟食之國不充他用、不下文者、隨仰可行、　仰云、可用廿二日、紫宸殿分用南殿、仁壽殿分用西對、綾綺殿分用東對、清涼殿分用中御殿、承明門分用西中門、建禮門分可用西門幷織部司南門等間、米事左右相計可行、又下内藏寮申請内匠寮事(申カ)御燈鑪料米十三石余文、即下守永、

左府宿侍、

十四日、退出、拜瓫四具、心神俄惱不參歸レ、此夕招方正(藤原)朝臣、借安隆(阿波守)(藤原)朝臣宅、爲令築三条垣也、

十五日、曉更歸三条、不參内、此夕亦到安隆宅、今日以後蹔可住也、主人在阿波(任國)之間也、

十六日、土御門殿有競馬事云□(〻カ)、所惱頗平愈、仍詣向、然而依有主上(一條天皇)御惱之聞御齒、停止、丞相參給、候御共、即遣晴明朝臣、問御齒事、御占之趣無咎、令勘申御祭之日時、申左府、付右中辨、白地罷出、亦參、

十七日、罷出、今夕歸參、

十八日、候内、今夕依召參中宮(藤原定子)、又歸參、

十九日、自内詣左府、此夜半渡坐道(橘)貞朝臣宅、是依少君病避所云〻、申一日宣旨下典藥寮申味原(攝津)御牧司等申牛事文之案内、又小舍人調爲善所傳獻大宋國商客(曾)命〔令〕文中文幷送爲善許

宋商客曾令文の申文等を返卻せしむ
越奏
大神宮遷宮行事を定む
出羽臨時交易絹を女房に給ふ
穀倉院の絹十疋を故良三位法事料に給ふ
石淸水八幡宮寺の申文を道長に進む
女房に給ふ交易絹の支配
內裏西對北西庇を女御の曹司となす
禁制のことを道長に勅問し給ふ
長者宣を下し興福寺喜多院內の穿池等を禁ず
行成の造佛佛師康尚

書狀事、是就大宰府可令傳申也、越奏之事乖恒例也、仍申案內、早可令返遣、退出、詣(爲尊親王室)東院、歸宅、雨、

廿日、參內、雨、以左丞相令申之旨奏、伊勢大神宮〻遷事可行上卿并辨等、早可被仰下之由、仰云、可令民部卿藤原朝臣・右中辨道方行事、卽申大臣、又以出羽所進臨時交易絹、可給女房之由、奉　勅命、以穀倉院納紀伊國當年租白米代絹十疋、依宣旨付民部典侍、令給右近藏人、故良典侍法事料也、(石淸水)八幡宮申(朱)仁聰貢獻於彼宮物使修行僧捕搦之由文奉左府、依有腰病退出、

廿一日、早朝參內、以交易絹支配女房、三位六疋、民部・大輔・衞門・宮內各五疋、以上御乳母四人、(紀忠道妻)進・兵衞・右近・源掌侍・靫負掌侍・前掌侍・少將掌侍・馬・左京・侍從・右京・駿河・武藏・左衞門・左近・少納言・少輔・內膳・今十九人各四疋、中務・右近各三疋、女史命婦二疋、得選二人各二疋、上刀自一人一疋、

仰云、女御二人曹司、以西對北西庇可給之、依召詣左府、依勅可下宣旨禁制事、奉左府、子細見目錄、丞相被仰山階寺(興福寺)喜多院內新穿池作丘事、早可令制止之由、卽書長者宣遣僧(眞喜)正房、明日付明久律師、今夕見出羽守(藤原)義理朝臣所送馬二疋、仰(橘)惟弘遣飼(安倍)信行宅、

廿二日、參內、以交易絹支配給女房、罷出浴、與(觀修)權僧正同車、至佛師康尚宅、以午剋始奉

啓白
御衣木を削る
禮拜
造佛料の漆
臨時仁王會
檢校藤原時光
咒願文作者大江匡衡

造可安置桃園寺大日如來・普賢・十一面觀世音二菩薩像各一體、先康尙伐御衣木、認出尊像躰奉立之、僧正啓白、所願之趣、心中所思、秋毫無脫、次弟子以斧奉削三尊御衣木之後、各禮拜、又奉拜先日宿願不動尊像、以義理朝臣所送漆一斗充造佛料、奉送僧正三条宮宿房、次歸宅、此日臨時仁王會也、撿挍藤中納言・行事致書辨・咒願匡衡(大江)、

新制十一箇條
造內裏所々人々を改定す
行成經の外題を書す
慈德寺供養の請僧を定む
競馬

廿三日、日出參內、與權中將(源成信)相共詣左府、義理所送馬二疋令覽、一鹿毛卽奉獻、昨有十一个条制、亦被改充幷定充造作所ゝ人ゝ申請之事等、自右中辨送故源中將(宣方)室家所示送今日法事料經外題事、依有不淨事、忽不能潔齋、卽詣僧正御房、申案內、受護身後、書經一部返請、爲遂願主之□(志カ)也、次候左府御共參院、被定慈德寺供養日(八月二十一日)請僧等、□(聊カ)於馬場被競鹿毛與楊梅、鹿毛勝三許丈、與權中將參內、候宿、

慈德寺供養は御齋會に准ず
陣定
御物忌

廿四日、慈德寺會可准御齋會之由、被下宣旨、依左大臣被奏也、

廿五日、早朝參內、左大臣於陣被定申雜事、依有方忌、不籠御物忌、罷出、以瀧口源景光、爲藏人所使、遣長門國、令催雜丹也、先奏案內令成御牒、

催雜丹使に藏人所牒を給ふ
花山法皇蓮華御園のことに就きて奏せしむ
藤原爲元詔使に對捍す

廿六日、晩景依召參華山院、仰云、先日依蓮華園事、令奏案內、內膳司以無實愁、檢非違使廳召□爲元(藤原)等之趣也、重示左大臣、亦可奏、件園是先年被禁斷殺生、給官符四至之內也、別當(藤原公任)令奏爲元雖承召由不參入、是對捍詔使者也云ゝ、卽詣左府申雜事、亦參三条宮、奉

謁僧房〔正脱カ〕、此夜參內、

行成地藏菩薩銘幷に法華經の外題を書す

廿七日、終日祇候、大輔尼所示地藏菩薩銘奉書、亦奉書法華經外題、被右府仰也、

觀修の童子明豪の童子と鬪亂あり

觀修の童子礫を投じて明豪の房を破損す

廿八日、罷出、今朝右藤中將仰陣令出衞、則孝〔源〕來、示昨日僧正與明豪僧都童子等鬪亂事、甚非常也、僧正房童部以瓦礫打破僧都房□〔云々カ〕、仍詣僧正房謁聞之、次參院、奉謁左府、次參華山院、申御返事、次詣右府、歸宅、參內、宿侍、

行成法華經外題幷に願文を書す

源倫子仁和寺に於て源雅信忌日の供養を行ふ

廿九日、罷出、自左府被請法華經一部、卽奉書外題之間、權中將重來、傳丞相命云、只今可詣仁和寺云々、殿下早參給、今依有御消息來也者、又被給願文、共〔同〕書之、與中將同車、參詣彼寺、今日殿〔源倫子〕北方爲先考〔源雅信〕丞相、奉供養佛經給也、今日彼御忌也、事了與右中辨同車歸宅、

卅日、朝參內、退出、詣權僧正房、參彈正宮、次參左府、

八月

藤原行成の不斷讀經

一日、辛亥、始不斷讀經、祈統・增久・妙算・朝延・泰助・懷壽、

行成慈德寺供養の饗饌に就きて指示す

參內、退出、八幡石淸水宮法師等來、愁別當康年所行非例雜事、次亦參內、供養慈德寺

日所〻饗事、仰國平(多米)朝臣、亦退出、

藤原道長清水寺に詣す

二日、壬子、與內藏頭(藤原陳政)・左源中將(經房)同車詣清水寺、左府(藤原道長)自去夜坐此寺、午上雨、〻止出給、候御車、次歸宅、

祈年穀臨時奉幣使定

四日、甲寅、參內、〻大臣(藤原公季)被定申祈年穀使事、來十日可發遣云〻、大藏卿(藤原正光)奏宣、

中宮行啓召仰

仰云、中宮(藤原定子)來九日出給前大進生昌(平)宅之由、可仰上卿、參中宮、退出、

行成道長に眞喜の返事を申す

五日、乙卯、詣左府、申山階僧正(眞喜)返事、去(七月)廿一日遣仰事、廿七日返事也、喜多院穿池作丘、更非不忠之事、舊池也、然而依恐仰旨、令滿平云〻、退出、參東宮(居貞親王)、賜一雙筆、次參內、退出、

行成東宮より筆を賜ふ

行成等紫野に赴く

六日、丙辰、源中將經・藤中將實(實成)來臨、同車向紫野馬場、權中將成(源成信)同來、次向桃園、次入宮中見燒處(六月十四日燒亡)、歸宅、亦參內、宿侍、

釋奠上卿不參に依り參議をして行はしむ

七日、丁巳、終日候、外記令藏人奏釋奠上卿不參之由、被問無上卿只參議行事之例、申有先例由、仍式部大輔(菅原輔正)・左大辨(藤原忠輔)可著由被仰之、

山城國をして慈德寺を掃除せしむ

八日、戊午、退出、讀經結願也、了次亦參內、奏院(藤原詮子)被申慈德寺掃除令山城國奉仕事、仰云、可召仰、詣左府下宣旨數枚、次亦參內、

中宮職曹司より平生昌宅に遷り給ふ

道長等宇治に遊ぶ

九日、己未、參內、次亦參左府、申今日中宮行啓事、可仰上卿不參之由、左府與右大將(藤原道綱)・宰相中將(藤原齊信)遊覽宇治、卽還參內奏、今日行啓事、依上卿之不參非可延引、且仰外記令誡諸

司、且重可遣召上卿之由有　勅許、仍且召外記爲政（慶滋）仰事由、且差内竪、遣召上卿之間、

藤原時光病を押し物忌を破りて參內し行啓のことを行ふ

右兵衛府生縣富永爲藤中納言（時光）使到大藏卿逢案內、今日之召事若重者、破物忌可參云々、卽

余（藤原行成）書消息、申送早可被參之由、亦參職御曹司、案內夕行啓事、次亦參內之間、藤納言被

參、卽仰中宮戌剋可出御前但馬守生昌宅之由、納言云、日者所勞侍、籠侍之間、一昨雖

戌刻行啓

有召由、所勞侍之內、彼日亦有重愼不參、今日重承召由、相扶病破物忌參入也、行啓之

間可供奉參議以上、有別仰所催行也、隨仰可進止、以此旨可奏者、卽奏□（之カ）、仰云、依例

藤原實資の參內

令行、納言奉　勅參中宮、有頃太皇太后宮大夫（藤原實資）參入、奏事由、仰云、依行啓事令召也、

未參以前仰他上卿了、卽被退出、

脩子內親王の御供に候すべき殿上人のことを仰す

去夕亦承　勅命、仰可候一宮（脩子內親王）御共殿上人、（源）兼宣行事、日晚罷出、

十日、庚申、參內、詣中書宮（具平親王）、歸宅、

道長石清水放生會の間の狼藉者召勘に就きて行成に命ず

十一日、辛酉、詣左府、有召也、被仰石清水宮放生會之間、若有濫行違例之輩、重可召勘

之由可仰之、次參院、亦詣桃園、奉謁僧正、入夜參內、子二點罷出、

道長東三條院に詣す

十二日、壬戌、早朝參內、左府自去夕被候、出給、參院、祇候御共、次退出、

行成慈德寺供養の指圖を書す

十三日、癸亥、左府詣慈德寺給、候御共、會日指圖事奉仕、今夕參內、

行成宅雜色所の諸社報賽

十四日、甲子、退出三条、去年（長德四年七月）大病之時雜色所立願、今日賽八幡（石清水）・賀茂・松尾・稲荷・祇

奉幣
十列
法性寺法華八講結願
行成石清水放生會の祭文を書す
大江匡衡則天武后の舊事を語る
行成慈德寺供養御諷誦料の調進を命ぜらる
東三條院の慈德寺行啓は太上天皇の例に准ず
行成の夢想
外記の勘申
御諷誦料布五百端を寺家に送付せしむ
大宰府油解文を奏下す

薗・北野奉幣・十列、(雜色)長等𤢖御幣、次詣法性寺、御八講了日也、次歸參左府、依命書出被奉石淸水宮祭文、(放生會)此夕亦參內、
十五日、乙丑、罷出、亦參、
十六日、丙寅、罷出、亦參、
十七日、丁卯、退出、
十八日、戊辰、今明物忌、令覆推、依可重愼不出、江學士(大江匡衡)來、語次云、白馬寺尼(則天武后)入宮、唐杣(衲カ)亡之由、思皇后(中宮定子)入內、ゝ火之事引舊事歟、示送伊祐(藤原)朝臣來(募)廿一日公家御諷誦析布五百端、以佐渡國臨時交易布代可充之由、一日左府被仰也、仍以彼布三百五十端可借送之由、先日相約也、
十九日、己巳、去夜夢可辭藏人頭之趣、
早朝詣左府、候御共參東宮、亦參內、左大臣召大外記善言(滋野)朝臣、被仰明日東三條院御慈德寺、依　太上天皇御幸例、遣參議一人、令供奉諸衞將曹・志以下、(去十六日勘申、元慶三年十月廿四日、太上天皇(淸和)駕牛車、幸大和國、勅遣參議源朝臣能有及六府將曹・志・府生府別一人、近衞・兵衞・門部各十人、奉衞太上天皇、ゝゝゝゝ勅還六府官人以下者、國史(三代實錄)所注、善言勘申也、)
今朝送消息高扶(藤原)朝臣許、布百五十端募守正(橘)所進布借送、即與伊祐借布幷五百端可令運慈德寺之由、仰內藏屬利成(竹田)、白地罷出、歸參、奏大宰府油解文、(左大臣別奏、)下給、與宰相中將

東宮第二王子敦儀著袴御儀
道長腰を結び奉る
祿を給ふ

同車參東宮、第二王子(敦儀)有御著袴事、左大臣結腰、儲君給御盃、東對唐庇設公卿座、東廊殿上人座、一兩巡後、有絲竹之興、給祿左大臣、(夜裝束一襲・野釼一腰、)事了退出、

行成嚴久の賞に就きて奏す
勅使藤原公任を東三條院に遣す
同院諸衞を返し給ふ
同院慈德寺行啓

廿日、庚午、早朝參內、奏可供奉院御共之由、亦明日可被賞嚴久之由被仰、隨亦申案內、右金吾(藤原公任)於殿上被示曰、率諸衞可候院御共之由、外記告送、仍參入也、而不承慥案內、亦外記不參、爲之何、此間右近府生重胤(八俣部)申善言朝臣參入之由、右金吾退、予參院、勅使右衞門督參入、令啓事由、被返諸衞、但給勅使大褂、府生以上疋絹、舍人布、未剋駕御、申剋到寺、

同供養
同寺別當嚴久を權少僧都に任じ度者を給ふ
御願文遲進に依りて淸書せず

廿一日、辛未、早朝參御在所、卽爲御使持御書參內、此次左大臣被示云、令奏嚴久之賞、律師可然、但院御氣色在僧都、亦饗祿等事新立儉約之制間、自有事用意、承仰可行、若有事次、以此旨可洩奏者、

辰四剋參入、獻御書、亦奏左大臣申旨、暫之給御書、仰云、嚴久可補權少僧都、亦可給度者、於諸僧事幷會間之事、計便可行之由、可仰左大臣、已終參寺、奉御返事、亦以勅命仰大臣、此間衆僧參入、依御願文遲進、隨到來不淸書、以草挿文刺、此次導師・咒願參入、雜事以式幷指圖、爲後鑒可注載、

還啓

事了還御、

遲日病に依りて維摩會講師を辭す

遍陳を請ず

美濃守源爲憲の參上

丹波年料米返抄

行成に雜事を仰す

行成の感懷

東三條院內裏に入り給ふ

行成故源宣方のため巨勢廣貴をして不動尊像を畫かしむ

定考

行成圖像に由緒を自書して宣方の後家に送る

廿二日、壬申、國平朝臣來、告美濃國司爲憲(源)依先日召參上之由、暫之爲憲朝臣來、

廿三日、癸酉、參結政、次詣左府、申可辭藏人頭之由、被奏云、當年維摩會(興福寺)講師遲日依病辭退、令申云、依身病殊重所辭申也、但依聖救例列(將)已講者、依中病重辭退□(之カ)由、不能返給其狀、此替以專寺僧遍陳可請用之、件法師年臈已長、常住伽藍、又爲氏(藤原)僧、可異他人者也、但至于聖救例令尋勘、追可被定仰歟、亦美濃國司爲憲依先日召參上、次詣右府(藤原顯光)、申丹波國(藤原經國)司申年料米返抄事、子細見目錄、次參內、奏文幷奏左大臣令申旨等、仰云、爲憲者以相撲人申狀令問、維摩講師事依請、此次被仰雜事、昔孔光(前漢)不語溫室・殿前樹、況以　叡旨不可記耳(承)、又中宮御產之間雜具等可令調之事、左大臣被參、亦被參院、〻此夜入御內裏、供奉御共、退出、此日招采女正巨勢廣貴、示今日可奉圖不動尊像之由、是則爲故宣方(源)中將也、中將年來親昵相語人也、去年(長德四年八月)病疫夭亡矣、中將存日送廣帋一張、請予手迹、雖無臨池之妙、爲不乖彼雅意、將以下筆之間、年月自移、當彼逝去、仍尋平生歸依之尊像、奉令畫圖、聊亦欲注其趣、

廿四日、甲戌、

廿五日、乙亥、昨今物忌也、考定也、

廿六日、丙子、國平朝臣來、令廣貴圖不動尊像、自書由趣於尊像下、付惟風(藤原)朝臣送故中將

識語
宣方生前行成の手跡を請ふ
一周忌
季札の故事
識語は爲憲草す
行成等御栗栖に赴く
結政
東三條院源奉職宅に遷り給ふ
世俗の忌
掩韻
詩題
翌朝土御門第に渡り給ふ

內方許、其詞云、予與故右親衞源次將素友善焉、昔以色帋一枚授予、乞以手迹、劇務纏牽、未及書之、去年仲秋、次將既殞、嗟乎哀哉、芳談猶留於耳中、花紙徒在篋底、夫不動明王者、大悲弘願之尊也、逝者平生常歸弟子、造次不忘、是大因緣也、非善知識哉、故令人圖形像於此帋、手自書由緒於其下、抑生〻加護、本誓是恃、請當一周、以導九品、昔季札(春秋)心許、釼懸徐栢(伯)之煙(埋)、今弟子淚零牋、點楚竹之露、德也不孤、廻向一切、于時長保元年八月廿六日、□(舊カ)友某記、此趣令美濃守爲憲朝臣草之也、中心所思、不能菆脞、所謂書不盡言志歟、與藤中將・左四位少將(源明理)・權中將(源道方)・藏人辨同車、赴師(御カ)栗栖、今夜候內、

廿七日、丁丑、罷出、亦參、

廿八日、戊寅、自內參結、夕參內、

廿九日、己卯、今夜院出御、令參給之後、今日當七日、依避世俗忌、御左大臣第、丞相近日坐讚岐前介(源)奉職二条宅也、宰相中將・右源中將候御共、此夜有掩韻事、及深更、以秋夜書懷爲題、勒亭青螢零星醒六字、各賦一首、遲明御土御門、

九月

披講
結政不堪佃田文
日上平惟仲
藤原行成法華經の外題を書す
御燈
御座を東向に供ず
藤原道長競馬を行ふ
馬場殿犬死穢
行成の物忌
藏人所牒を以て諸國より御壁代等の料絹を召さしむ
行成藏人頭の辭狀を上る
東三條院にその旨を啓し尋で道長に報ず

一日、讀詩了、左大臣(藤原道長)出給、予(藤原行成)退出、休息之間日已高、參內、不著結政、仍不申不堪文云々、

二日、早朝參內、結政、右少史貴重(惟宗)申不堪文、平中納言(惟仲)就廳、左大辨(藤原忠輔)同就、依有宣旨退出、參左府、歸宅、

三日、早朝參內、依宰相中將(藤原齊信)消息、奉書法華經外題、是故共政朝臣(藤原)周闋法事料云々、依齋日候內、蹔出織部□(司カ)廳書之、事雖輕忽、爲重功德也、藏人實房(藤原)行御燈事、云々、今日御座、清涼殿之儀鋪北向、而今欲供北向、不得便宜、卽奏、依　仰旨令供東向、左府去去夕候給、今退給、與右源中將(成信)候御車、有競馬之事、了退出、馬庭(場)殿下有犬死穢、

四日、晚參左府、

五日、今明物忌也、

六日、小舍人紀貞光持來御壁代等析絹召諸國御牒、惣可入七十疋、之內卌疋用出羽交易絹、其殘召伊勢十疋、仰守、參河十疋、仰忠節、美濃十疋、仰守、(源爲憲)尾張十疋、使(仰カ)永忠、但馬・紀伊各五疋、用途之外、可剩廿疋、然而若有申返之國、依可有不足、所召加也、

七日、今日獻辭藏人頭狀、令匡衡(大江)朝臣作之、自書之、先參院、(藤原詮子)令辨命婦(橘良藝子)申辭退之由、亦詣左府、依御物忌、招出權中將令申此旨、次書副消息送右中辨(源道方)許、蹔之使者返來、報云、

穀倉院年預を補す
行成の辭狀を返し給ふ
內裏死穢あり
結政に參るも著座せず
平生昌に藏人所返抄を給ふ
重陽平座
上卿惟仲
菊酒
出御なし
御前作文
詩題
絶句
講詩
御書所作文
行成方違
敦道親王觀音院に於て作文を行ひ給ふ

先可申左府歟、亦示斟酌可被進止之由、秉燭大藏卿(藤原正光)杜鴐、被問辭職之由、入夜右中辨示送云、明朝可被仰一定、

晴明(安倍)朝臣來云、穀倉院預親仁(伴)死去替年預可補事、卽以預辰信(大原)可爲年預之由仰了、

八日、自右中辨許、返送辭狀、掃部助兼宣(源)來、左近府生重隣(茨田)申云、大內有死穢、東北對下小童死骸犬嚙出之、參結政、西門外召官掌利茂(尾張)、門(問)觸穢案內、國平(多米)朝臣出來云、只今外記爲成(宗岳)仰云、參入辨・史暫不可著座、是右中辨仰也云〻、左中辨信順(高階)・右少辨致書(源)不著罷出、參內、次參東宮(居貞親王)、次詣左府、

前但馬守生昌(平)持來藏人所召物牒、示可成返抄之由、下給出納如時(尾張)、此夕參內、

九日、於御前有掩韻事、右中辨奉　綸旨、召平中納言、仰菊酒可給侍從、無御出、依例行之、暫之內大臣(藤原公季)被參、卽退出、依菊酒事下﨟承行云〻、又右大臣(藤原顯光)被參、中納言令賴貞(源)奏右大臣參入、菊酒事上﨟可申行之由、仰云、依□(請カ)、於御前有作文、草樹減秋聲、以聞爲韻、七言六韻、左・右大臣已上絶句、・宰相中將以下侍臣獻詩、

十日、辰剋講詩、不罷出、自昨夕於御書所亦有作文、

十一日、罷出、夕詣左府、依有方忌、宿僧正(觀修)車宿、通直(大江)・廣業(藤原)來、帥宮(敦道親王)於(石藏)觀音院有作文事云〻、權中將此夜同宿、

道長等西山邊に遊覽す
餌袋破子
大江匡衡和歌の題を進む
馬場殿和歌會
藤原公任の歌
內裏作文
獻題者藤原忠輔
藤原廣業序を獻ず
御製
季御讀經定
源道濟を藏人所に候せしむ
東三條院競馬五番
行成の物忌
同解脱寺に詣す
南所申文
行成內裏幷に中宮御修法の料物に就きて指示す

十二日、早朝與中將同車詣左府、〻〻野望、一昨與左右金吾（藤原誠信・同公任）・源三相（時中）公幷予・右中丞（道方）相約有此事、各調餌袋破子、先到大覺寺・瀧殿・栖霞觀、次丞相騎馬、以下從之、到大堰河畔、式部權大輔（匡衡）依丞相命上和哥題、云、處〻尋紅葉、次歸相府馬場、讀和哥、初到瀧□（殿）、右金吾詠云、瀧音能絶弖久成奴礼東名社流弖猶聞計禮、○コノ歌、公任卿集・拾遺和歌集ニ收ム、

十三日、參內、有作文事、左大辨上題、云、菊開花盡遍、以鮮爲韵、廣業獻序、有御製、左右丞相・左武衞（藤原高遠）・左大□（辨）・宰相中將獻詩、侍臣有其員、

十四日、左大臣於陣被定季御讀經事（十月十八日）、權辨（藤原説孝）奏日時・僧名□（等カ）、（源）道濟可候所之由宣旨下、左府出給、參院、有競馬、五番、

十五・六日、物忌、

十七日、與權中將同（車脱カ）、詣長多仁（解脱寺）、今夜參內、

十八日、罷出、詣左府・內府・中書宮（具平親王）、亦參內、

十九日、今朝罷出、夕參院、

廿日、結政、藤中納言（時光）爲日上、依無少納言、外記法申、無政、有南中文、□御修法事析物不具之由、行事藏人則隆（橘）、有示、仍送書於近江介（源則忠）許、即持來米五十石下文、仍付行事藏人、又中宮（藤原定子）御修法析米卅石、且借用右兵衞府米廿石、其遺亦可借求、

具平親王大雲寺に於て樂子内親王の周忌法事を行ひ給ふ
行成經外題并に願文を書す
入禮の人々

廿一日、與左四位少將(源明理)同車、詣大雲寺、今日故樂子内親王御周闋也、中書王經營此事給、奉書經外題・願文、右兵衛督(源)憲定、・右源中將賴定、・左馬頭(藤原)相尹、・四位少將明理、・權左中辨說孝、參會、民部大輔(菅原)爲紀朝臣・讃岐介(源)至光朝臣等雖來詣、依布衣不就座、事了歸洛、參内、宿侍、

天文密奏
御修法

廿二日、候内、罷出、詣左府、天文博士(縣)奉平令奏密奏、書案、遣則隆於座主(覺慶)房、御修法也、

京官除目

廿三日、除目、參院、參内、行事兼宣、

大學助源賴貞
監物橘惟弘
後院別當
穀倉院別當
同預
賴貞の藏人還宣旨

廿四日、丑剋除目了、賴貞任大學助、(橘)惟弘任監物等、慶賀令申左符(府)、後院別當平中納言・穀倉院別當左大史小槻奉親・預主計允御船昌光、宣旨下、

賴貞還宣旨右中辨仰之、罷出、

人々の申慶
行成の如意輪觀音像開眼供養
銀佛
啓白
觀修に布施を給ふ

廿五日、甲辰、人〻爲慶賀來、申剋銀如意輪觀音像奉開眼供養、是藥助先年急病之時、母氏立願、以飯垸爲奉造此像所取置、去春詣石山(近江)、以康尚所令奉鑄也、今擇日時、屈權僧正、密〻奉啓白也、卽奉布施、夜装束一具・麻布五十端、

行成の物忌

廿六日、昨今物忌也、

政

廿七日、著結政、有政、今夜參内、渡藏人町、　○コノ條、原ト前條ニ續ケタリ、今意ニ據リテ行ヲ改ム、

廿八日、結政、有政、今夕參内、

醍醐天皇國忌

內裏作文
匡衡詩題幷に序を献ず

五節定
舞姫を献ずべき人々

結政

官奏
平生昌に五節のことを仰す

藤原行成の物忌

政
藤原道長石清水八幡宮々司等對問のことを命ず

廿九日、今夕參內、國忌、（醍醐天皇）○コノ條、原ト前條ニ續ケタリ、今意ニ據リテ行ヲ改ム、

卅日、候內、有作文事、式部權大輔獻題、云、送秋筆硯中、心韻、卽題者獻序、

十月

一日、有召參御前、被仰五節事內々可仰、欲待穢滿日仰之、期日可漸近之由也、右大將（藤原道綱）・太皇太后宮大夫（藤原實資）・生昌（平）・濟家（藤原）等可獻也、

參院（藤原詮子）、奉謁左府（藤原道長）、

二日、結政、次參院、

三日、參內、參左府、

四日、候內、官奏、仰生昌朝臣可獻五節之由、

五日、

六日、昨今物忌、

七日、昨自帥宮（敦道親王）給書有召、參結政、有政、了退出、詣左府、御物忌也、於門外令申參由、

仰云、石淸水宮司等可對問之事、可仰右少辨致書朝臣（源）、

敦道親王家作文
大江匡衡詩題幷に序を獻ず
講詩
行成維摩會勅使として南都下向のこと等を東三條院に啓す
先奏
十聽衆文
金堂年分文
行成の出立
隨從の人々
勅使の房に著く
饗甚だ疎
興福寺維摩會闕請を補す
入堂
行成有官別當と講師讀師の前行を勤む
明久行成に饗等を送る

到三條浴、入夜詣帥宮、有作文事也、式部權大輔(大江匡衡)獻題、云、唯以詩爲友、以情爲韻、亦爲序者、題出之後、與左京大夫明(源明理)同車參內、曉亦參宮、

八日、巳時講詩訖、與廣業(藤原)同車歸宅、晩參院令啓明日依維摩會(興福寺)事可罷□(下カ)南京之由、亦中度者三人可給之由、有　恩許、退亦參內、宿侍、召伯耆國辨濟使平奉良、給播磨國明年ゝ析米廿石下文、

九日、罷出、參左府、申依明日維摩會事、參下山階寺(興福寺)之由、卽下給先奏、十聽衆文先ゝ所下給、前年申當年研學竪義者文紛失不下給、又金堂年分文依自寺不申上也、午時許從三條出立、修理大夫(平親信)過訪、官掌得任(丹波)・辨候連瀧依例令候、別仰又藏人所小舍人久範令候、栗隈(山城)山中小雨、戌剋許雨止、

亥尅著勅使房、休息間、權別當律師明久來、無告諭之人、不能相謁、陳明朝可來之由退去了云ゝ、饗事甚疎、可責饗別當等、

十日、己未、今朝威・從(威儀師・從儀師)等來、依例補闕請、寂初闕請昨長(道長)者所被仰也、又寺所司幷權別當律師・林懷已講等來逢、卽謝律師夜前無告人不對面之由、

巳剋入堂、依會參人ゝ遲參、事ゝ闕怠、與有官別當(勸學院)行忠(藤原)勤講・讀師前、行忠爲讀師前、例也、

從權別當房、送饗・屯食・菖秣等、卽分饗十前・屯食一具・秣十束、送天台聽衆僧念斅

行成道長に書状幷に熟柿を贈る
夕座
行成遙授俸料代米の下符を仁城に與ふ
眞喜行成に饗等を送る

行成諸堂を巡禮し珍奇の物等を拝見す
牛頭栴檀佛釋迦尊御足跡
扶公行成に饗饌等を送る
義慶より送物あり

朝座

行成塔本を拜す
觀昭より送物あり

房、是依入道納言(藤原義懐)旨也、左中辨(高階信順)息也、
未剋差院(勧學院)雑色、奉書於長者殿、此氏大夫等不參之由也、又奉熟柿二荷、四樻、
夕座了、講師退出、竪義者安潤探册(短カ)給題及第、此夜於寺主仁城宅沐浴、當國(大和權守)遙授俸析代內米百
五十石下符二枚與仁城、當寺幷東大寺僧供料內也、前年立願也、
十一日、庚申、自仁城宅、歸勅使房、頃之雨、定澄律師・蓮聖等來、從僧正(眞喜)房被送饗・屯
食等、依雨不會朝・夕座、以季和朝臣示送障由於僧正房、
十二日、辛酉、晴、元愷(橘)朝臣・忠範(橘)等拂曉歸洛、朝講了、與林懐・扶公・義慶等奉拜諸堂、
見奇異物等、牛頭栴檀佛・釋迦尊御足跡納極樂淨土等也、此外亦有希代之珍、巡禮之間、
不會夕座、前伊豆守爲度(藤原)朝臣・兵部丞孝理(藤原)等參、
元興寺別當扶公送饗饌等、邦忠(中原)朝臣來、
十三日、壬戌、朝間天晴、爲度朝臣稱明日忌日之由歸了、從義慶許送種々物、
朝座了、退出之間風雨、不著夕座、
今朝例進柿奉左府了、
十四日、癸亥、風吹、朝座之次奉拜塔本、右衞門尉陳泰(藤原)參會朝座、忠良(源)・爲文(源)等朝臣來、
輔公(藤原)・信經(藤原)朝臣・爲資等入夜來、觀照(昭)已講等(送脱カ)種々物、兵部丞孝理今朝歸洛、

行成大安寺及び法華寺に詣す
薬師寺参詣を停む
行成の思慮
夕座の後金堂試經所に著く
同所の鋪設
勅使の座
別當の座
五師從儀師の座
沙彌の座
宣旨を下して年分度者を試む
喜多院に於て番論義を行ふ
仁宗宿曜勘文を行成に送る

十五日、甲子、晨詣大安寺、新加修理所〻有數、無殊破損、別當平超能治也、次詣藥師寺、道廻思慮、大會者氏間無止之事也、而此間不專勤其事、詣他氏(源氏)建立寺無爲、加之途遠日高、仍更不詣、歸路便入法華寺、巡見堂舍、破壞殊甚、

不著朝座、夕座鐘打之後入堂、事了著試經所、其儀金堂中扉東柱下鋪疊一枚、其上施菅圓座、其後立四尺屛風一帖、是勅使座也、西柱下鋪疊一枚、爲別當座、南簀中央鋪疊一枚、爲五師・從儀師座、又從儀師座前鋪疊一枚、爲沙彌座、余(藤原行成)著座、西面、次權別當律師明久東面、幷五師春舜・從儀師清訒等著座、並北面、勅使・別當・五師前各置法華經一部・㝡勝王經一部、是因今日所下給宣旨、試年分度者也、件宣旨隨寺申所被下也、從儀師召度者一人、隨師主次第、度者稱唯、取二部經、加机下、出進就座、北面、先唱名、次申貫戶・師主等、次五師披經揚某經卷某品、勅使・別當同共披經、沙彌讀之、從儀師問得不、五師隨示、從儀師卽記得不、先讀法華、次讀勝(㝡脱カ)也、事了向喜多院、上自南階、就母屋座、南面、三獻之後、番論義、一番、答妙源・問法圓、二番、答ム・問ム、此番未訖心神不宜、起座退出、還勅使房、會參大夫等幷迎人〻出向、少將成房(藤原)同來、

十六日、早朝搥鐘之後入堂、講間官掌德堪來、自壇下進一封書、披見、是仁宗師所送宿曜勘文也、今於堂前披得此書、當時・向後吉凶知之、誠是祖考之告之、伽藍護法諭之也、

講終る
竪義得略文
後奏
年分文
氏僧講師たる時の拜禮の作法
明年講師堂舉
布施
行成の歸京
明年研學竪義供解
氏人見不參文
論義問答注記
行成歸忌日に依りて平親信宅に宿す
內裏及び道長に歸參の由を奏申す
結政に參る
東三條院內裏に入り給ふ
道長に維摩會の文等を進む
東宮女御藤原娍子の御產を訪ひ奉る

中心非無所恃耳、
講既訖、衆僧退下之後掩扉、例也、從儀師清訒持來立義得略・後奏・年分文合三卷、次堂舉明年講師、專寺仁會・智印・明憲・清春・〻舜・定好・蓮聖・慶仁、東大寺仁也、大安寺榮秀、予問此中專一者、亦示明憲・清春、僧等退後、率會參大夫以下、到講師房、遍陳置笏三度拜禮、氏僧爲講師之時、先例如此拜之也、次到食堂、避僧座隔一間當中央立、西面、諸大夫幷六位列後、南上西面、異位重行、次權別當來、示以明憲爲明年講師、是□(謂金カ)堂舉、衆僧就座、次予及大夫以下三拜、持笏、次取鉢供之、次第如此、次亦取布施各施之、勅使不取、事了退出、午尅歸勅使房、換衣歸京、此間長保上人持來明年研學竪義供解、行忠持來氏人見不參文、自別當房送論義問答等、令季和朝臣給小綱疋絹、侍三人信濃布、申尅許到(山城)井手寺、日落山椒到宇治、戌剋許入京、依歸忌日、宿修理大夫宅、
十七日、早朝參左府、依御物忌、於門外令(橘)爲義朝臣申歸參之由、次便詣東院、(爲尊親王室)次參結政、維摩會勅使今日必參結政、故實也、次參內、令藏人則(橘)隆奏歸參由、次歸宅、大進(橘道貞)幷少將等羞湯漬、次與少將參院、〻今夜參內給也、依有方忌不宿、罷出、
十八日、今夕參內、
十九日、罷出、今日參左府、奉維摩會文等、參東宮、(居貞親王)次詣宣耀殿、(藤原娍子)奉訪平產給事、此夜參

宿、

道長競馬を行ふ

廿日、罷出、候左府御車、於馬場有競馬事、

季御讀經結願
射場始
從儀師失儀あり

廿一日、早朝參內、秋季御讀經結願也、又有弓場始事、南殿僧等不待出居并卿相參上、早以參上、仍召問從儀師利中、所申不分明、失首尾、可謂從儀師失錯、御前堂童子不足也、

四位を堂童子となす

仍奏事由、以四位令役仕、行事實房（藤原）奏行之、件事式（藏人式）無五位可用六位、然而延喜（醍醐天皇）御時、無五位之時、

行成の見解

可用四位之由、見御記、隨近年五位不足、召加四位也、今案、件堂童子侍從可役也、仍不用六位、用四位歟、

中文

事了有中文、史延政（美麻那）、予見、注紫宸殿・淸涼殿、此院（一條院）無此殿號、

弓場殿出御
鋪設

仍令改書南殿・中御殿、事了出御弓庭殿、東對南面唐庇東第一間前、卽東廊北第一間也、公卿座同廊東庇壁下、北上西面、出居座同廊內、東上北面、當寂末參議座西、所掌座當出居次將座末、少進北、

擧燭
出居次將

所司擧燭、右近中將賴定（源）朝臣召兼時（尾張）、依堀川院例、召左近將監也、仰、懸的、可有御字、卽承仰召公卿、

公卿著座
矢取
能射の人々に試射せしむ

ゝゝ著座、矢取內竪渡後、能射右大將道綱、・宰相中將齊信（藤原）、・源宰相俊賢、・大藏卿正光（藤原）、・余・

所掌前後射手を書分く

藤中將實成、・內藏（頭）（藤原）□陳政、皆無中鵠之者、次以右衛門權佐宣孝（藤原）爲所掌、書分前後、次第

持
還御

如例、初限三度、依無中科者、更延二度、亦如之猶無中者、持、無拜、事了還御、令參院御方給、

行成宿所作文

此夜於宿所作文、廣業出題、夜寒思山雪、以冬爲韵、

講詩
道長家讀經

廿二日、巳剋講詩了、詣左府、與權中將成信（源）・成房少將同車、御讀經始也、退出、次詣東

一条院内裏東対渡御
道長家読経番論義
同結願
春日祭に参るべき氏人の差文を道長に覧じ尋で之を外記に付す
藤原彰子入内のための方違
天変に依り金剛般若経一万巻を転読せしむ
藤原有国九穴蚫を道長に贈る
政
日上平惟仲
行成東宮に詣す
結政
行成著座

院、奉謁入道中納言、

廿三日、参結政、参内、上(一条天皇)渡御東対、参左府、有番論義事、

廿四日、早朝参内、退出、

廿五日、早朝参内、亦(参脱カ)結政、史奉親(小槻)宿禰一人在座、仍不著坐出、詣左府、御読経結願也、退於三条浴、夕亦参左府、奉可参春日祭四位以下差文、被仰依例可付外記之由、姫君(藤原彰子)為入内、此夜違方於西京大蔵録大(太)秦連理、(宅脱カ)〇連理、小右記ハ連雅ニ作ル、左府同御、候御共、此日仰国平朝臣、令所司択申吉日、仰綱所於七大寺并延暦寺、奉為公家御息災、可令奉転読金剛般若経一万巻之由、東大・興福各千五百巻、自余五寺各千巻、延暦寺二万(千)巻、此依天変也、廿六日、陰陽寮勘申御読経日時文、廿九日、戊寅、時巳、即載宣旨、加署了、

廿六日、早朝参内、与藤中将相共参左府奉謁、大弐(藤原有国)奉上九穴蚫、松浦(肥前)海夫所取出也云々、暫之共出、参結政、中将参内、有政、平中納言(惟仲)為日上、左大辨(藤原忠輔)就庁、余起座参内、暫之左大臣被参、出給二条(源奉職宅)、候御共、次与右中辨(源道方)参東宮、与藤中将同車参内、与中将同宿、

廿七日、自内参結政、先是右少辨致書・左少史元倫(和気)在座、余参間、右中辨道方・左少史為(卜部)親参会、因立壁外、仰為親令就座、大辨参会之時、自上著座、然而大辨著後々来史無便宜、仍用意先令著也、次余著座、為親召文刺挿

荒文を竹竿に插す
史の失儀
伊勢例幣を奉仕せざりし源致書を召問せしむ
致書の觸穢は新制に抵觸す
結政
行成屛風の色紙形を書す
藤原彰子入內
勅使源道方
藤原行成陪膳を勸む

申文、次元倫以荒文挿竹竿、爲親進來就膝突、進申文、余不取之、元倫須先申無結政之(文カ)由、次爲親可參進也、爲違例蹔不取申文、目中辨、元倫不得其意、良久無術覺悟、仍予取申文、次元倫申無結文之由、先後不覺、首尾倒錯、結政了入內、右大臣(藤原顯光)仰云、右少辨致書朝臣近曾申觸穢由、不奉仕伊勢例幣(十月十一日追行)事、須問其由、觸穢事已有新制(七月二十五日)也、次與左京大夫・右中辨・左少辨等相共詣西京、次歸宅、亦詣二条殿、爲書屛風色紙形、而依日暮不書而出、參內、

廿八日、罷出、參結、詣左府、亦參內、

廿九日、參結・內、於二条殿書屛風、

卅日、自內參西京、書倭繪四尺屛風色帋形、故常則(飛鳥部)繪、哥者當時左丞相以下讀之、

十一月

一日、自內詣左府(藤原道長)、今夕姫君(藤原彰子)入內、戌剋許藏人右中辨道方(源)爲御使參、亥剋入內、今日陪朝・夕膳、與左少辨(藤原朝經)罷出、自土御門宅渡三条宅、一寢之後左少辨來、共候院(藤原詮子)、共還參、

御物忌
後朝御使藤原正光
興福寺維摩會及び春日祭不參者に對する處分
春日祭代官
源倫子に輦車を聽す
懷妊
內裏より退出
行成春日祭使に白褂を贈る
行成祓の後私幣を奉る
春日祭の上卿と行事辨
平野祭の行事辨
同祭使藤原經通
御禊上卿藤原公季
外記代
內記代

二日、參內、御物忌、參吉(結)、史允政(惟宗)一人也、仍不就出、
今朝御使大藏卿(藤原正光)云々、罷出、丞相仰云、維摩會(興福寺)・春日祭無故不參者、敍位・除目之時所進申文、氏(藤原氏)藏人等不可取傳奏之、又自官申上文不可裁、來五日春日祭也、依別當(勸學院)行忠(藤原)申忌日障、仍以民部丞列方爲代、
三日、參吉(結)、參內、左大臣室(源倫子)免輦車、依大臣旨候氣色、有　勅許、令藏人則隆(橘)仰之、有懷任(妊)事、依神事被退出云々、罷出、歸參、
四日、參吉(結)・內、依召參院、詣左府、歸宅、爲使監物惟弘(橘)、送白褂三重於藏人少將(藤原重家)許、祭使也、
五日、曉更與藥助向河原奉幣、去夜宿元愷(橘)朝臣宅、今朝招奉平(縣)宿禰令祓後奉幣也、
春日祭上藤中納言(時光)、　左少辨、
平野上、　右中辨、
參內、平野使右兵衞佐經通(藤原)朝臣、御禊事了、依上卿不參、不給宣命、有　仰遣召、內大臣(藤原公季)被參、內記不參、外記不候、亥一剋纔史元倫(和氣)參來、仍爲外記代、令申行宣命事、又轉爲內記代、被奏宣命之後、大臣不著陣座、□(乍カ)立召使給之、
宿侍、

皇子敦康御誕生
行成に七夜御儀のことを仰せ給ふ
御調度類
內膳奉膳高橋信通長谷寺に詣す
屯食二十具
盛屯食
女房衝重五十前
祿料の大褂二十領
絹綿調布
唐櫃十合
紙五百帖
彰子を女御となす
十二歲
藤原道長以下氏人の奏慶

六日、罷出、
七日、丙戌、早旦小舍人友(上)延來、告召由、掃部助(源兼宣)仰云々、參吉(結)、國平(多米)朝臣一人在座、仍直參內、仰云、中宮(藤原定子)誕男子(敦康)、天氣快然、七夜可遣物等事、依例可令奉仕者、御臺盤六脚、以榎木・沉、仰預延連、御器等事仰良明(宇治)、銀笥・□(湯カ)垸・四種・馬頭盤二枚・箸一雙・酒盃一具等料可入銀二百五十兩、先日式部丞泰通(藤原)爲令奉仕御物給良明、便令借渡也、此外樣器並御膳等事、可仰內膳司、仍遣召奉膳信通(高橋)、使者歸來申云、參長谷寺(大和)云々、
屯食廿具、十具穀倉院、仰別當奉親(小槻)宿禰、十具後院、仰預國平朝臣、此中盛屯食各三具、女房衝重五十前內藏寮、仰允保實(丈部)、祿析大褂廿領仰保實、絹百疋可用大宰府所進、綿五百屯大藏省、調布五百端同上、但可用信濃國調、又令成下文可付本宮(中宮)、以上三種以請奏(內藏寮)可下宣旨也、辛櫃十合長殿、仰左大史國平朝臣、紙五百帖、自藏人所召播磨申不堪由云々、・但馬・丹波・備中等國、
仰云、以從三位藤原彰子爲女御、卽詣御曹司東北對、中大臣、隨被聞御消息於氏諸卿御許、女御年十二、左大臣長女、母故前左大臣從一位源朝臣雅信第(一カ)女、從三位倫子也、
申剋左大臣・右大將(藤原道綱)・民部卿(藤原懷忠)・太皇太后宮大夫(藤原實資)・藤宰相(懷平)・右衞門督(藤原公任)・左大辨(藤原忠輔)・宰相中將(藤原齊信)・

女御の直廬に渡御
還御
御劔を中宮に賜ふ
中宮御產に依りて宇佐使を仰することを延引す
防解火災御祭の日時を奏す
御產養の盤の作成
道長新所旬儀に就きて指示す
中宮より御湯殿に奉仕の讀書博士幷に鳴弦人等のことを奏し給ふ
勅答
位祿代辨濟に就きて淡路新舊國司の間に論あり
勅免
女房に等第絹を給ふ

大藏卿（正光）・予（藤原行成）・左馬頭（藤原）相尹・民□（部）大輔・成房（藤原）・朝經・公信（藤原）・經通等列於御所南廊西庇、參議一列、四位以下一列、
大臣令藏人頭大藏卿奏新女御慶賀、此後上（一條天皇）渡（行間補書）御女御〻方、及秉燭還御、
今朝勅遣（御釼）右近權中將成信於中宮、件釼從院被奉也、
（二十七日）宇佐使事今日可被仰也、而依產事、來十五日許可被仰也、
召晴明（安倍）朝臣、令勘申防解火灾御祭日時、即令兼宣奏、來十三日、仍仰晴明可奉仕御祭之由、
八日、丁亥、參吉（結）、盤六枚仰兼吉令奉仕、自納殿給大二・小一枚、此遺仰可奉仕之由、
左大臣被仰云、來十三日可出御南殿、先例御別宮之時、先出御南殿、有旬儀、次有他節會云〻、仍仰藏人少將、
中宮亮清通（藤原）朝臣云、宮御消息昨付成信（源）令奏讀書博士幷弦打人等事、而未承仰事、可浴時剋已成、隨仰可左右、奏、仰云、讀書之事今朝令道方申案內了、自本宮可召也、但弦打事不聞食者、此夜宿侍、
九日、戊子、候內、淡路國司（平文佐）申、位祿代可令前司（讃岐扶範）辨申也、未交替之間、新吏以何物濟進乎、前司申、新司所封當年官物也、（被計取之物、）何因濟去年租穀代乎云〻、仍奏此由、申旨依有理裁免、即被仰賴貞（源）、
仰云、以大宰所進絹內百疋給女房、去年十二月以後・今年六月以前等第者、即令充給、

上等四疋

惟宗允政の愁意を奏せしむ

允政の従者弓箭を帯するに依りて獄所に拘せらる

藏人所小舎人上友延の苛責を停めしむ

多武峯物忌

行成屛風の色紙形を書す

藤原致忠橘惟頼を美濃に殺害す

友延を看督使に付して仕所に候せしむ

賀茂臨時祭調樂

大原野吉田兩祭に參る氏人の差文を道長に進む

三位一人、六疋、内侍以下御乳母・命婦等上等二人各四疋、得選三人各二疋、依史允政日來愁申、令則隆奏、春日祭罷下之間、爲避途中之危、隨身弓箭之人、罷歸之間、爲右衞門府生重親(林)被捕籠於獄所者、召問重親之處、所申已理也(有脱カ)、但件男本病發動者、依病給假非無先例、若有別勅召重親、且被仰有勤之由、且被仰依病可給假之由如何、

十日、左府被候内、申雜事、參結政、罷出、依召詣左府、□(午カ)剋出給也、

十一日、早朝理義(平)朝臣示左府命、藏人所小舍人(友延)到丹波守經(藤原)國(宅脱カ)、責紙甚重云々、早可令召返者、即參彼殿、申不遣使之由、參結政、入内、國平朝臣示、聞左府今明雖當多武峯御物忌、可被參者、即詣彼殿、申被覆推御物忌可被參之由、推条已可愼急病、

今日書了唱和集屛風已(色カ)紙形、

左大臣被奏致忠(藤原)前相摸介輔政(橘)男(橘惟頼)事、以泰通被仰早仰國司(美濃守源爲憲)可令裁決、

亦還參内、候宿、

召左近看督使津守宗正、付小舍人上村主友信(延)、令候仕所、是先日遣於丹波國、而不罷國、到京宅、責妻子之故也、

今日調樂也(賀茂臨時祭)、殿上彼此於下侍前、有盃酒之興、右衞門權佐(藤原宣孝)人長甚妙也、

今日可參大原野(二十一日)・吉田(十七日)等祭五位以上簿奉左府、

後院預還補
藤原廣業の勘事を免ず
花山法皇熊野御幸の御意あり
法皇の御返事
水路にて參詣せられんとす
一條院內裏新所旬
南殿に出御
御鎰奏
庭立奏
音樂なし
官奏
見參を奏す
還御
出居侍從
行事藏人
皇子敦康七夜の御儀
內膳司幷に內藏寮官人を遣して御產養の饗祿を賜ふ

十二日、參御前、奏左大臣申木工允菅原爲職如舊可補後院預事、依請、
式部丞廣業(藤原)勘事可被免事、
十三日、早朝參內、詣左府御宿所、華山院爲御修行、經伊勢國可參熊野(紀伊)給云々、彼國境今月有齋、上皇往還給可無便宜、若有御消息、令留止給歟、若有事次可奏此由、卽奏案內、爲御使參院、令判官代基賴(藤原)奏之、御返事云、依有宿願、先年欲參詣之間、依仰罷留之後、事崇(祟)已重、仍欲賽、去秋雖思企、慮外所障侍、于今延引、雖及嚴寒、强欲參向、行步難堪、不向紀路、密々乘船爲參可經伊勢、上下所相從之人不幾、何因致路次往還之煩哉者、卽歸參奏聞、　出御南殿、左大臣於陣令奏御鎰・庭立等奏幷樂可止之由、官奏、次出居經房(源)中將參上、三獻之後、左大臣於西南渡殿下令奏云、二孟(四月・十月旬)外不奏目錄、□(然而カ)依冷泉院・堀川院等例可申行、仰云、依請、卽被奏見參、事了還御、
出居侍從春宮權亮陳政(藤原)・右兵衛督憲定(源)、
行事藏人少將、
大藏卿爲御使參中宮、被奉御臺盤六脚、(榎木・沉、)御膳物等仰內膳司、別書出色目、付內膳官人令持參、衝重五十合・屯食廿具・大褂廿領・絹百疋・綿五百屯・信濃布五百端・辛櫃十合(已上別書出、付內藏寮官人、)令左右衛士令賷之、辛櫃有覆、內藏寮知之、殿上人等可令參之由被仰、

仍令參入、

友延を免ず

小舍人友延可令免之由、仰如時（尾張）、

令宗允亮の書状を奏す

源時方後家の愁訴

十四日、參結政、史允政有一人、仍不著、參內、參左府御宿所、命云、今日可有申文、左衞門權佐允亮（令宗）朝臣今朝來、示一日所示故時方（源）朝臣後家愁申之事、修理職責旨乖法意、卽注事旨於別帋、仍覽左府、又奏之、　仰云、依書出、判署之官可備償、何得徵於不知情之妻子哉□（者カ）、事旨見目錄、

陣申文

上卿道長

文三枚

明年大粮文

左馬寮失符文

武藏賑給文

左大臣被參著於陣、余（行成）於床子見申文三枚、一枚來長保二年大粮文、副主稅寮勘文、一枚左馬寮申失符文、一枚武藏國申賑給文、國平朝臣依大臣仰、催遲〻之由、余就座、于時□豫著北座、史進覽史（文カ）如例、大臣被問云、武藏國賑給文所續先例注僧尼數、而本解不注僧尼如何、申云、符案注僧尼、〻〻載彼時詔也、本解不注僧尼、是今詔不載僧尼也、事了於壁後相逢藤相公（懷平）之間、大臣有召、卽參候膝突、被奏甲斐國穗坂御馬解文、　仰云、依例可行、但違期由可問、後聞、依大臣命藤相公令取御馬云〻、

甲斐穗坂勅旨駒牽解文を奏す

分取

御馬御覽

行成を遣して花山法皇の熊野御幸を諫止せしめ給ふ

法皇猶參詣し給はんとす

十五日、參結政、參內、詣左府、亦參內、御覽左右御馬、依　仰召遣太皇（太脫）后宮大夫、申障不參、戌四剋爲御使參院（花山法皇）、令爲元（藤原）奏熊野御行可止給之由、御返事云、依有宿願可參詣也、雖恐仰旨、不遂宿願何爲、猶可參侍、卽返奏此由、重蒙仰遣召太宮大夫、亥一剋參入、仰云、院御修行事、依路次之愁、再三令申可令止給之由、而已無許容、爲奇不少、重欲

藤原實資を使として重ねて諫止し給ふ
法皇思ひ止まらせ給ふ

令申案內、非無所憚、依聞路次之愁、亦不能默之、大夫卽參院、子一剋歸參、被奏院御旨云、雖有宿願、依有　仰事、不能遂果、只可參木(粉)河(紀伊)、于時主上御寢、仍參夜御帳下奏此旨、仰云、仰旨承之、御修行事御願無止、而度〻令申事由□(極カ)無便、然而時及嚴寒之內、收納之間田舍有愁、御幸之事縱從儉約、事已有限、上下供奉之人定有其數歟、仍可有事煩、猶過此間令遂給如何、大夫奉　仰旨重參入云〻、

此夜候宿、

十六日、朝罷出、

吉田祭
祭使藤原兼貞
行成舞人陪従の饗を調備せしむ

十七日、吉田祭也、去夜丑剋許自(橘)忠範許告送左府有惱給事、自內出給、卽參詣、無殊事、歸宅、參內之間、結政早了、赴大藏卿御許、相訪吉田祭使事、(藤原)兼貞、仰院(勸學院)預大原辰信、令調送儛人・陪從饗、

蜜預補任牒

十八日、拂曉參內、詣左府、於門外相逢左源中將(經房)、詣內府、奉蜜預建部生昌任牒、

十九日、

行成の物忌

廿日、昨今物忌也、

大原野祭
行成私幣を奉る
結政

廿一日、曉更渡元愷朝臣宅、奉幣大原野、薬助同赴之、大原野祭也、參結政、了入內、辨候連瀧走來申、大夫史國平朝臣云、右少辨(源)致書、令申云、今日祭可參之由、昨日所奉也、而俄有所

辨源致書障を申すに依りて氏大夫を辨代となす
東三條院御物忌
五節帳臺試
五節所
行事藏人
鎭魂祭
結政
申文二枚
行成御扇を賜ふ
五節御前試
大歌人の失儀
道長の宿所に於て會飲す
童女御覽
圓融天皇以後の流例
豐明節會
南殿に出御
內辨道長
大歌別當代
小忌參議一人
還御
結政
行成著座

煩、不能參向、卽詣左府、令業遠(高階)朝臣申事由、卽以仰書遣行忠許、有官別當、以氏(藤原)大夫爲辨代、
可令申行雜事之由、便以連瀧爲使、亦遣仰外記許、
廿二日、參結、入內、詣右大將殿、奉訪五節事、參院、依御物忌退出、參左府、歸宅、參
內、五節舞姬等參帳臺試也、東臺(對カ)南母屋二間幷東西庇等蔀隔(子脫カ)爲右大將五節所、同對艮爲
太皇太后宮大夫五節所、母間(屋カ)二間爲舞殿、塗籠爲師曹司、西對塗籠南爲濟(藤原)家朝臣五節所、
塗籠北也、北爲生昌(平)朝臣五節所、行事式部丞泰通、
廿三日、鎭魂祭、參結、史允政申文二枚、並駿河國匙文也、違例之由仰奉親宿禰、參內、
上賜御扇、恩也、於殿上有盃酌事、終日人〻酩酊、新女御(彰子)初上給上御座、今夜御(五節)前試也、
生昌舞姬俄有煩申障、依延喜廿年・天慶五年例三人舞、御哥(大歌人)不待仰早反、可謂違失、
廿四日、人〻相共參府(左)御宿所、有飮食事、酩酊如昨、
今日召童女御覽、村上御時以往無此事、圓融院御時初有此事、其後自爲例也、
廿五日、參內、節會也、申剋出御、依小忌遲參及晚也、左大臣被奏、大哥別當未補、以按
察源朝臣(時中)令奉仕、依請、小(少)納言自西中門參入、闈司自殿西出、小忌藤相公一人也、丑一
剋事了、還御、宿侍、
廿六日、參結、官掌不候、仍不就座、招出國平朝臣、問無官掌就座之例、依有先例著座、

不參の官掌を召問せしむ
宇佐使を發遣す
使に餞す
御精進
三年一度の奉幣
宣命の辭別
神寶幷に御裝束を加へ奉る
使藤原宣孝
御禊
入御
使に祿を給ふ
拜舞
宣命二通を奏し使に給ふ
東宮鎭魂祭
神樂あり
後院の絹を御幣料に充つ
賀茂臨時祭試樂

了參內、官掌不參可召勘由、仰國平朝臣、詣內府、

廿七日、丙午、參結、參內、今日宇佐使發遣、依女房不候、供御粥・御强飯等、使未發遣之前有餞事、昨欠〔坎〕日也、一昨以往事多及于今也、當日行之例不見、然而不可默過、仍今日有此事也、自今日御精進也、然而除使前之外用魚類、例也、爲給宣命、令召納言等、皆稱障不參之間、左大臣被參、卽被仰云、今日奉幣宇佐宮之宣命、三年一度幣帛例事也、但辭別依先年御願、別以神寶幷御裝束各一具奉加、又天變恠異頻以呈示、又大宰府言上敵國危等事、又依內裏燒亡（六月十四日）、遷御別宮（一條大宮院）之旨等可載也云〻、使右衞門權佐兼山城守藤原朝臣宣孝也、

酉剋有御祓、先令侍臣昇立桉二脚於殿西第一間、置神寶・御幣等、同第四間鋪御座、垂御簾如例、御禊了後入御、侍臣卷御簾、上召人、予參入、仰云、召宣孝、〻〻應召參候、暫之上亦召人、予取祿、御下襲・表御袴等也、出自母（屋脱カ）西第一間給之、宣孝下自長橋西、更到庭中拜舞退出、次左大臣於殿上、以道方朝臣奏宣命、內記信義（藤原）草之、二通、八幡・香椎、亦給宣孝、事了退出、左府被參東宮（居貞親王）、于時御東三条殿、予與藤中將同車參入、有神樂事、此殿乾角有神社（角振隼明神）、年來冷泉院所被行神樂也、深更罷出、

今日後院納大宰府所進絹卌三疋、充宇佐御幣料、二具、依左大臣仰、〻奉親宿禰、

廿八日、參結、參內、試樂（賀茂臨時祭）也、

御物忌

廿九日、雖物忌、依　仰去夕候宿、內亦御物忌也、

賀茂臨時祭
祭使平親信
還立

卅日、臨時祭(賀茂)、使修理大夫(平親信)、左大臣・右大將・平中納言(惟仲)被候、
申剋使立、亥剋使歸、丑剋有御宴、

十二月

御物忌
藤原實成同重家の從者鬪亂の疑あり
重家の陳辯
從者鬪亂に及ぶ以前に制止す
藤原行成その旨を奏す
實成の辯疏
重家と共に制止せしむ

一日、御物忌也、日者候內、晨束帶欲參結政、先參左府(藤原道長)御宿所、被示云、去夕　綸命有可被仰之事、暫不可罷出、仍不參結、參御前、　仰云、可召遣實成(藤原)朝臣・重家(藤原)、重家應召參入、仰云、去夕實成朝臣幷重家從者等之中、有鬪亂之者云〻、如然之事若有聞及之事、且可加制止、又可奏聞如何、其由可申、重家申云、去夕從社(賀茂)頭事了罷歸、比至世尊寺邊、瀧口平嘉會帶弓箭、相從於重家、內藏允藤原扶忠者爲實成朝臣前馳(駈)、以松打嘉會之間、彼此從者等相交可及鬪亂、然而(與)實成朝臣共加制止了、仍不經奏聞也、卽奏之、仰云、如令申無殊事、但實成朝臣參入之時可相定、及昏中將參入、令兼宣(源)奏事由、仰云、去夕事可辨申、中將申云、去夕平嘉會帶弓箭相從重家、比至世尊寺邊、相交實成共人、前駈之者相咎之間、嘉會以弓打內藏允扶忠、〻〻以松相礙之間、殆可及鬪亂、然而重家相共

源經房の言
箭を番ひ刀を抜く者あり
勅して內藏允藤原扶忠瀧口平嘉會及び同時延等を召問せしむ
菅原董宣宅燒亡す
藤原道長の居所源奉職宅に隣接す
行成爲尊親王に馬を獻ず
行成小兒加持同芥子燒
橘氏爵人

加制停止已了、
重仰云、如令申旨、加制止無殊事、但經房(源)朝臣所申云々之說、指非到鬪亂之庭、但罷過之間、番箭拔刀之者有一兩、依暗夜慥不知其人云々、以此事知有鬪亂由、其事可申、又令申云、瀧口平時延解釼拔箭云、事甚狼籍(藉)、只可射之由申侍、仍實成加制、但不見拔刀之者、仰云、與重家之所申有相違、重家申扶忠先打嘉會、實成申嘉會以弓打扶忠、各召其身可問、但時延直射之詞與經房朝臣所申相合、可問彼男云々、
與中將罷出之間、二条邊有燒亡、紀伊前守董宣(菅原)〇小右記ハ忠信ニ作ル、宅火延可及奉職(源)朝臣宅、件宅近日左大臣移渡給、衆力禦火救難、右府(藤原顯光)・內府(藤原公季)共被參問、若以使可被訪申歟、次詣一品宮(資子內親王)、依近邊火事也、歸宅、
二日、參左府、參彈正宮(爲尊親王)、奉糟毛馬、左府所給也、參東三条院(藤原詮子)、與輔公(藤原)同車到紅梅宅、相逢女人、
三日、參院、奉謁左府、參內、
四日、奉請僧正(觀修)令加持小兒、以麻布百端因幡俸料、奉僧正御房、自明日令敎靜闍梨爲小兒可修芥子燒、仍申其假於右金吾(藤原公任)御許、
五日、甲寅、左衛門權佐允亮(令宗)朝臣來、相逢、大外記善言(滋野)朝臣又來逢、詣權僧正御房、參彈正宮、中織部正橘忠範氏爵事、有許容、

中文

太皇太后崩御一日子終

御葬送

御遺令ありて縁葬司及び國忌山陵等を停め又御葬送は凡人の禮を用ひしめ給ふ

御在世中橘道貞加階のことを令し給ふ

參結、無中・少辨、延政（美麻那）法申、允政（惟宗）申文之後、官掌尚貞（安倍）申左大臣召由、卽參內之間、於右衞門陣外、前太皇太后宮亮景齊（藤原）朝臣相逢、傳大夫（藤原實資）消息云、后宮（昌子內親王）去朔日子了許崩給、須早令奏其由、而依遺令避日次之間、延及于今、〻日戌剋御葬也、遺令云、天下素服・擧哀停止之、又不任縁葬司、不置國忌、不配山陵幷此間神事・節會等依例可被行、又葬禮不異凡人、亦不可用火葬者、又御存生之時仰云、御惱之間依陰陽家申、避本宮遷御權大進道貞（橘）宅（三條）、道貞雖爲宮司、非舊仕之者、依病避宮之間、蹔以移住、若有非常、極可不便、先例三宮蹔住他家之時、臨時加賞家主、已有其數、若可然可令奏事由、其後不經幾日崩給、此旨不可不奏、同有事次可洩奏者、卽先參左府御宿所、申此案內、被奏云、前宮亮景齊朝臣令申、不可任葬司幷擧哀・素服・山陵・國忌等事可隨停止、神事・節會依例可被行、依遺令所奏也者、

遺令奏

又家主道貞の臨時賞に就きて奏す

卽參上　奏聞、仰云、聞食、亦奏臨時給事、仰云、所被申可然之由可仰者、卽仰景齊朝臣、又仰左大臣、

御簾を下ぐ

又可下御簾、又先例可令勘申、如此之間神事・節會有無、

（行間補書）又可令□〔諸卿カ〕定申、

道長の所勞

又固關事幷可給素服・擧哀等停止官符事可仰、卽仰左大臣、大臣令申、有所勞不能候陣、令他上申行勘文等事、且被仰大外記、

他の諸卿を召す
實成重家勅勘を蒙る
道長外記勘文二通を奏す
滋野善言の勘申
皇后崩御に依りて神事停止の先例
同雜事の先例
藤原順子
正子内親王
藤原溫子

今日事、依請、他事召他上卿可仰、卽奏事由、遣召民部卿（藤原懷忠）・右大將（藤原道綱）・平中納言（惟仲）・藤中納言（時光）、掃部助（兼宣）藤中將・藏人少將勘當事、

申剋左大臣被奏外記勘文二通、

大外記滋野朝臣善言勘申、依皇后崩、神事停止例事、貞觀十三年九月廿八日、太皇太后（藤原順子）崩、同十一月、停園・韓神・鎭魂・新嘗・平野・春日・梅宮・大原野等祭、以太皇太后崩也者、同廿九日、大祓於建禮門前者、元慶三年三月廿三日、太皇太后（正子内親王）崩、同四月、停平野・松尾・梅宮・廣湍・龍田・賀茂祭等、緣太皇太后崩也者、但至于貞觀十三年月次・神今食・鎭魂祭等、十二月被行者、

又勘申皇后崩雜事被行例事、〔太脱〕皇太后藤原順子、貞觀十三年九月廿八日崩、同廿九日、諸衞警固、□〔令〕伊勢・近江・美濃等國司諸關警固、勅曰、今月廿八日、太皇太后崩、事須遣使者警固、然而時在秋收、恐妨農業、況亦牧宰其人、宜停發使、一委國吏、勤令警察者、十月四日、太皇太后遺令、不聽天下素服、仍令京畿七道停擧哀幷著素服、五日、天皇（清和）服錫紵、近臣皆素服、葬太皇太后於山城國宇治郡後山階山陵、是時天皇爲祖母太皇太后喪服有疑未決、於是令諸儒議之、諸道勘文具見國史、（三代實錄）朝議定心喪五月・制服〔服制〕三日者、七日、天皇釋服、近臣隨除、諸衞解嚴、令伊勢・近江・美濃等國解關者、已上國史、十月一日、依有太皇太后崩事、□〔自〕今日至于七日、外記政停、但不止諸司者、五日、太皇太后葬於安祥寺、具在記文者、七日、停警固之事、下符伊勢・近江・美濃等國、亦諸陣解警固、皇帝自去五日服錫紵、近侍者隨之脱素服、又有上宣、召陰陽寮令勘申始政之日、卽釋、○卽釋ノ二字、當ニ上文錫紵ノ次ニ置クベシ、八日勘申、已上日記、（外記）太皇太后正子内親王、元慶三年三月廿三日、淳和太皇太后崩、有遺令、不任緣御葬之諸司、天皇（陽成）輟朝五日、太后寢疾綿篤、命〔令カ〕左右曰、天長天子（淳和）顧命火葬、不置山陵、無園廟之可陪、吾瞑目之日、卽入朽材之櫬心、排嵯峨之山服〔腹〕、無置守家〔冢〕、不配國忌、一如先太上〔後脱カ〕天皇（嵯峨・淳和）之遺制、廿五日、葬太皇太后於嵯峨山、諸衞警固、宣告百官及五畿七道諸國、今月廿三日、淳和太皇太后崩、既曰國母、可謂至尊、天下臣民何無喪禮、然而特有遺命、令停止凶禮、宜不著素服幷擧哀、給官符者、四月十五日、解陣者、五月廿五日、奉爲皇后〔太皇太后〕崩後度者廿人者、皇后（皇太夫人）〔令カ〕藤原溫子、延喜七年六月八日崩、依有遺命〔令カ〕不任葬司、御葬料調布五百端・商布一千段〔端〕大藏・油一斛□〔主殿カ〕・夫二百人、京職、右大臣（源光）・中納言藤原有穗卿就左近陣座、可警固之由仰諸□〔衞カ〕、但伊勢・近江・美濃等國給内印之官符、又素服・擧哀可停止之由仰諸司、又五畿七道諸國給外印之官符者、十日、使記〔紀〕傳・明經・明法等博士、勘申中宮崩時天子御服有無事、而所勘申各異、爰中使式部大輔藤原菅根朝臣就陣頭傳云、准諸儒勘文、可有三日御服者、外記召縫殿寮、仰御服□〔可カ〕縫供之由、大屬槻田茂枝申云、依藏人所仰、自内藏寮受貲布□〔可供カ〕奉之事已了者、十月廿五日、〔日脱カ〕是中宮御七〻日態於極樂寺修焉、公卿擧首參彼寺、仍無政者、

藤原公季をして雑事を行はしむ

淳和太皇太后の例に據り廢朝五日

武藏秩父立野兩駒牽後の分取に就きて奏す

公季固關の官符を奏す

令宗允亮をして中宮の等親のこと及び美濃守源爲憲の釐務停不のこと等を勘申せしむ

允亮の返答

固關の官符には內印擧哀等停止の官符には外印を踏す

警固召仰

仰云、(行間補書)件例淳和五日廢朝、亦三日、可依何例、大臣令申云、遣召允亮、內□(ヽカ)可被問、
內大臣被參、依仰、(マヽ)仰內大臣今日事等可行事、警固事、神事可止、(事脱カ)固關官符可給、又素服・擧哀停止事、同可給官符、仰云、召遣左衛門權佐允亮、可問古勘文中宮可准二等親事、若有所見歟、又五日廢朝・三日御服等事、
酉四剋被仰以五日可廢朝、淳和后例、平中納言參入、奏事由、
仰云、前太后崩事、仰內大臣之由可仰云〻、
又奏云、秩父・立野御馬牽後、雖經數日、未分取之間、若如此之間有取分例、引勘先例可令行歟、仰云、先問外記、次可仰上卿、奉仰退下之間、內大臣被奏固關官符、于時御湯殿也、仍申其由、大臣暫坐殿上、
同剋允亮參來、仍仰 勅旨、申云、中宮可爲二等(親脱カ)事無所見、御錫紵之事亦無其故歟、予(藤原行成)示、美濃國司(源爲憲)有勅召問之間、可警固官符文、有牧宰其人、分憂寄重之句、被問之人其職掌如何、此今朝左大臣被疑之旨也、允亮云、可隨罪之輕重、可停釐務不也、只依致害事發在彼國、遣使與國司令裁決也、如今國宰之罪暗以難推、徒以□(上カ)者釐務可止、罪不及解官、不可停之故也、
此官符可無妨歟、奏事由了、警固官符內印、・可止擧哀等事、外印也、有警固召仰、
後聞、右馬助有親(藤原)立列召仰列云〻、非也、

太皇太后御略歴
御歳五十

御臨終は正念に住し給ふ

具平親王病み給ふ

行成警固召仰の時馬寮列立の當否に就きて善言に問ふ

行成大中臣千枝の位記作成のこと及び造宮に勤仕せしむべきこと等を道長に進言す

道長道貞の位記作成を命ず

藤原彰子の立后に就きて東三條院より御書あり

行成之を奏覽す

此夜罷出、詣左府、申此案內、教闍(敦静)梨芥子燒、去一日太皇太后昌子內親王崩、于時春秋五十、后前朱雀院太上皇女、母女御従三位熙子女王也、康保(應和三)年爲東宮(憲平親王)妃、太子(冷泉天皇)登極之時、立爲皇后(康保四年)、于時年十八、在位卅三年、深信佛法、有后妃之德、臨終住正念、面向西方云々、

六日、乙卯、早朝參六条宮(具平親王)、令延慶申事由、報命云、自今朝俄有所惱不逢云々、奉謁女御(莊子女王)、次參內府、申昨日恩問之悚、歸宅、國平(多米)・善言朝臣等來、問善言朝臣昨召仰之時馬寮列立事、人々有論、如何、善言云、遣固關之時、同遣使於馬寮・兵庫、不遣之時、猶可立列也、又有先例者、賴光(源)朝臣來逢、又人々來、各謝遣、戌剋許詣左府、今日出間有恩問之由、惟弘(橘)告申、爲令申其恐也、然而依寢息給、不能令申事由、歸宅、

七日、丙辰、詣左府、申千枝(大中臣)申位記可成之由、宣旨已下了、而依廢朝間、相待政始、世間不淨、尤可忌避、已承敍位之由、著位袍申慶賀、早罷下可勤造宮(內宮)之事之旨、命云、所申可然、宣旨已下、於著位袍可無事妨、又早罷下、催行造宮之事、甚吉事也者、亦申道貞朝臣位記可成事、又命云、仰則孝(源)令作、亦依有被示之旨參院、有御書、亦給院御書、持參大內、於晝御座奏覽之、次奏大臣令申旨、仰云、此事如何、申云、諸司三分以下被任之時、諸卿會議(欽カ)、公事無止、自以如此、況是

勅報あり東三條院の御書を道長に進む

道長懇詞を以て行成に謝す

道長行成息の將來を約諾す

道長固關の官符の文に就きて難を發す

允亮の見解

行成の意見

大事、愚意難及、但丞相所申懇切、其旨可然、加以先日有所被仰之事、然則今日指無被仰其期、只可被仰廢朝之間、非無事憚、至于此事可然之事也、參入之日、面可仰由〔事脱カ〕歟、勅曰、可然、卽賜御返事、持參院、又以院御書持參左府、于時已及秉燭、令權〔源成信〕中將申事由、被示依惱不出簾外、依命入簾中、傳奉御返事、又傳　勅報旨、丞相命云、此事雖不承指期日、承一定之由、汝恩至也、大都候顧問之後、觸事雖見芳意之深、不能示其悅、今在斯時、彌知厚恩、於汝一身事無所思、我有數子之幼稚、汝亦有數子、若有天命、有如此事之時、必可報此恩、亦如兄弟可相思之由、可仰含者、欣悅給旨甚多、相逢權中將示雜事、及深更退出、

八日、丁巳、允亮朝臣來、相示左府所難給之官符文事□〔云カ〕、被勅〔鞫カ〕推者、三位以上者且從事、其外無指仰者、不得從事、不得從事者、雖爲牧宰、不可自由國內事之故、可難掌警固之事歟、允亮云、夫被勅〔鞫カ〕推、雖非官當除免、徒以上不得入內、其三位以上、非解官以上、聽釐事・朝會及入內供奉、何況今官符文有國宰可執行之旨、亦國宰如今者無指罪、縱被召問、亦以官符旨、何不掌警固事哉、

予答云、如此官符、非必可據符案、隨時可有取捨、縱無此句、亦有何難哉、又案、官符捺印已了、所據難問之趣□〔亦カ〕似可然、允亮有許諾、

辨官補抄を允亮に付す

御眼病
靈巖寺妙見堂の祟
使を遣はして之を實檢せしむ
解陣のことを行はんとす
道長の奉答
善言廢朝の期間は行はずとなす
延引

實檢使妙見堂の檜皮破損を報ず
山城守は他行
木工頭は觸穢
修理職をして修復せしむ

以辨官補抄付此朝臣、爲令點承(知カ)和官符也、季信(平)朝臣來云、左府幷宰相中將(藤原齊信)被論一日官符狀中之事云々、其旨合愚案、

參左府、參內、宿侍、

九日、戊午、有召參御前、仰云、自昨御目惱給、奉平(縣)占申、妙見成祟者、早遣使靈巖寺(山城)、令實檢妙見堂、卽仰藏人泰通(藤原)、差遣出納爲孝(惟宗)、

又仰云、今日可行解陣事歟、申云、今日復日、明日又復之中御衰日也、仰云、以此旨可仰左大臣、々々令申云、立限之事不可避日吉凶、仍奏事由、遣召納言(惟仲)、酉剋大外記善言參來、申云、今日解陣事可被行者、先例此事廢朝(自九日至十二日)之中不被行、仍來十三日許可申行、早以此由可奏、卽申左府、亦奏聞、但內竪等奏時、又供膳警蹕等事、指五日之期、過其期以後、依例可供奉也、

此間平中納言參入、申事已延引由、卽退出、

此間爲孝歸來、申云、妙見堂上檜皮等破損、只有九間壁而已、卽奏之、仰云、早仰左大臣、令仰所司幷國司(藤原宣孝)等可令修理、大臣被奏云、國司奉使他行、木工寮頭雅致(大江)觸穢、官人等雖奉仰、不可觸頭、々若口入尤可怖之處事也、但修理職先例雖不奉仕、至于此度、依事崇(祟)有御惱、早召大夫(平親信)被仰案內、令畢不日之功者、仰云、可令仰者、依臨暗不能召

行成小兒病む

仰、依小兒病退出、

御體御卜奏

上卿不參に依りて件奏を内侍所に付す

十日、己未、雨雪、今日御卜事、依延喜(溫子崩)七年例可被行之由、示送右中辨(源道方)許、報云、無仰以前、大外記善言令奏云、御卜候、而上卿不參、若任例付内侍所可令奏歟者、卽有先例、可付内侍所之由、被召仰已了者、今日御卜、上卿不參之時必不召云々、只外記以藏人令奏、付内侍所云々、

妙見堂の修復を平親信に仰す

可作靈巖妙見堂之由、仰修理大夫了、

東三條院行成を召して御愼及び御祈のこと等を令し給ふ

十一日、庚申、與少將(藤原成房)同車詣東院(爲尊親王室)、參院、退出之後重有召、深更又參入、辨命婦(橘良藝子)傳仰旨云、主上(一條天皇)明年殊重可令愼給、御祈能可令奉仕、亦御目令惱給、已經日日未平愈給、承歎無極、卽令申御祈殊可令奉仕旨等、到紅梅宅、今夕參內、

藤原顯光復任宣旨に就きて行成に指示す

東三條院に勅旨を啓す

十二日、辛酉、前右史生出雲忠茂來申云、右府命云、復任宣旨今日無殊忌、自難罷出、差使可送云々、卽書副消息、送惟(藤原)親朝臣許、此夕與權中將同車參院、令(辨命婦)申主上御旨、神事已過、可令入內給之由也、還宅、

政始廳中文の有無に就きての論

行成の見解

十三日、壬戌、官掌尚貞告今日政可始之由、(太皇太后崩給後、今日始也、)參結政、今日廳中文必不可有云々、其所以者、結政剋限已欲過、又左大臣被參陣、有可被定之事等、諸卿可參者、政早了可宜歟云々、予云、政始之日何無申文、已謂政始、外記法申之詞可無便歟、若又上卿被咎

申文あり
起請官符請印
南所申文
宣旨を下して美濃守爲憲の釐務を停む

爲憲殺害犯人藤原宗忠の日記に與判す
署判を加へざる者をして執印せしむ
陣定を行ひ明年正月節會有無のこと等を定む
解陣
道長昨日の定に就きて指示す

官奏延引
行成拾遺抄を藤原義懷に返却す
道長に藤原穩子立后の例文を進む

政

仰如何可陳乎、左中辨（高階信順）・右少辨（源致書）并國平・奉親（小槻）兩大夫等是予言、仍有申文、今日捺印起請官符云□（ミカ）、依左大辨（藤原忠輔）不參就南所、史允政申文、參內、左大臣於殿上被仰云、美濃國司爲憲可止釐務、忠親（藤原）等可歸、件事依散位宗忠（藤原）致害橘惟頼・平頼親等事、先日遣使、與國司等令勘決之間、初爲憲朝臣輙與判宗忠日記之由問之、無所避申之由、使等言上之、仍被下此宣旨也、但官人同署判文之者可連坐、不加署之者可執印、使者隨身宗忠可參上、又宗忠可用禁法者、左大臣於陣被定申雜事、明年正月節會有無等事也、內大臣被參、大藏（藤原正光）卿奉勅仰可解陣事等、修理大夫申給料物可修理靈巖堂之事、罷出、

十四日、癸亥、晨與權中將共參內、參左大臣御宿所、申承雜事、自辰及午、（仰脱カ）右中辨美濃守爲憲幷宗忠等罪名可勘宣旨事幷給美濃國可停守爲憲釐務宣旨幷可用禁法散位宗忠事、今日可有官奏、然而左大辨有所労不參、予雖參入脚下有恙、不能束帶、仍無官奏、詣東院、返奉先日所借給拾遺抄、歸宅、此夕詣左府、奉延長元年（四月二十六日）立后（藤原穩子）例文三通、相謁僧正受護身、被示云、爲延命每月十五日、尊勝念誦幷泥塔三百基及月三度可供印、八日藥師、十八日觀音、廿三・四日間不動尊、歸宅、

政云々、

十五日、甲子、依可有官奏、相扶所労先參左府、登時參內、候殿上間左大辨參入、今日有

官奏
奏すべき文十四枚
行成難を發す
伯耆不動開用文
伊豫采女死闕文
大難
文守永改姓文
史に下して符案の誤を訂正せしむ
近江減省文
定文幷に本解等を奏す
難書三枚

左大臣被參、予於床子見奏文十四枚、□(之カ)中伯耆國開用文、續以所在官物可舂下、若可交易進宣旨《ム物》・官符等、先例以所在官物可充之宣旨給國、〻重申下不動充符、又《給》無他官物者、以不動可舂充宣旨者、更不待充符申開用、而只以所在官物可充舂、重不勞申請、偏申開用、不可然、仍仰國平朝臣、亦觸於左、(府脫カ)又伊豫國申采女死闕文、續文傍例符案注其父、依立譜第也、當國例符案、本小狀下注字有其員、而依今本解不注、爲《不》令相違削除也、今本解之不注、可謂失誤、是大難也、守者源宰(俊賢)相兼國也、相公從四位上、解文注正下、次誤也、又右大史文宿禰守水(永)申改宿禰給朝臣文、奥注預內階之句、與小狀意相違、加之爲例所續但波宿禰行衡申改宿禰爲朝臣、預內階之奏報、朝臣依請者、而官符案注改宿禰爲朝臣預內階者、預內階事、專非民部所知、若符案相違歟、可尋由仰國平朝臣、亦仰云、守永所申事、不載今日奏、已及月迫、縱不知敍位之有無、只尋符案・奏報之續文可申之由、頃之國平朝臣申云、符案相違、削正入奏云〻、又近江國減省文、載後司初任年、但忠(橘)望朝臣任同注年有裁許、續其例事、雖有例理致不見、仍問國平朝臣、申云、年來例也云〻、此例雖不甘心、若不載今日奏、可無裁許之期歟、爲《依》思人怨、待《爲》上難所許上也、見奏了、依召《左丞相》出膝突、被奏定文二通幷本解等、卽奏、仰云、暫可候、書御目錄可下給云〻、奏後可有事定之由云〻、後聞、被難之文三枚、備前減省・守永文・藥師寺文等也、

御佛名僧名定
藤原能通を勘事に處す
紀齊名卒す
本姓田口
當時の名儒

結政
行成の著座
荒文
聽申文
式日

荷前使を發遣す
御座
緣道を鋪く
出御
近衞陣を引くこと遲し
出御を告ぐるは闈司の最
八足
御拜
還御

今日被定仰御佛名導師等、(御導師芳慶・慶筭・聖胤、次第僧明能・智眞・觀禪、)卽下出納有慶、衡〔衛〕黑與權中將罷出、左兵衛佐能通(藤原)勘申〔事ヵ〕云々、

此日從五位上行式部少輔兼大內記越中權守紀朝臣齊名卒、本姓田口、後改爲紀氏、當時名儒、尤巧於詩、今當物故、時人惜之、時年卅三、

十六日、乙丑、參吉〔結〕、史貴重〔惟宗〕一人在座、暫俳佪壁外之間、國平・奉親等參來、先令彼等著座之後著座、官掌置火鑪之後、貴重召文刺、次國平朝臣解文刺、々々荒文之間、史部〔使〕執文刺、進置貴重之右、貴重搢文置之、次國平朝臣下結文、(是廳申文、依今日式日所申也、)貴重傳取申之、次貴重持文刺、就膝突申之如例、次左中辨・右少辨等參、事了入內、

十七日、丙寅、早朝參內、荷前也、出御之道、經南殿西階南軒廊、西對東南等庇、御坐西廊輕幄御座、所司敷筵道如例、掌侍義子(藤原)・命婦貴子等賚御釼・璽筥、候御前後如常、先令問使具不、出御、々々之後、左右近陣良久不引、再三蒙仰催遣、右近權中將成信・少將公信(藤原)・將曹紀光方・府生八俣部重胤率近衞等、從幔外陣西南小門下、左權中將經房・少將重家等率近衞一人、陣同門下、主水供御盥、女藏人等傳供之、次告御出之由、(闈司之㝡也、而近來必無其勤云々、)主殿擧燭、使等昇八足、立西中門南廊北第一間、(所司預敷葉薦、)御拜(兩端〔段〕再拜、)之後、又告其由於使等、一々昇出之後還御、仰云、近衞陣遲引之由可令問云々、今夜罷出、

宣旨を下す
橘惟弘行成のため不動尊像を圖す
小芥子燒
御物忌
御佛名
御導師
藏人所垸飯
荷前に近衞陣遲引のこと等を問はしめ給ふ
御佛名第二夜
左近衞陣柏梨を勸む
御佛名結願
內藏寮芋卷を勸む
御修法
御佛名後朝藏人所を用ふ
東三條院法興院より還り給ふ
光仁天皇國忌
源倫子藤原威子を出產す
道長の觸穢

十八日、丁卯、召國平朝臣下宣旨、諧左府給奏文、具注目錄、歸宅、今夜惟弘爲予令奉圖
不動尊像、令仁朝師始小芥子燒、爲息灾也、參內、候宿、
十九日、戊辰、御物忌也、御佛名始也、藏人廣業(藤原)行事、亥一剋擿鐘、令堂童子兼宣仰御導
師、初夜自亥二至子二、芳慶、後夜子三丑二、慶算、今夜藏人所垸飯、孝行、
丑剋平中納言・藤相公・宰相中將參上、荷前日御出後、遲引陣幷官人不具事、可問彼日
所候次將之由、仰平中納言、依一昨勅命也、
廿日、己巳、大雪、擿鐘後、令泰通仰御導師、初夜亥一子二、聖胤、半夜子三丑二、觀禪、後夜丑三寅二、明能、
丑剋左大臣・內大臣・左衞門督(藤原誠信)・宰相中將參上、左近勸柏梨、例也、
廿一日、庚午、擿鐘後、廣業仰導師、初夜亥一子一、慶算、半夜子二丑四(一カ)、智眞、後夜子二(丑カ)寅二、芳慶、事了藏
寮(內藏寮)勸芋卷、今夜御修法始也、阿闍梨天台座主(覺慶)、行事賴貞(源)、
廿二日、辛未、此曉著後朝、御修法間陣中不用魚類、然而依無他便所、殊於藏人所有此事、
參法興院、女院爲御違方坐此院、今朝還御、
廿三日、壬申、周(國)忌也(光仁天皇)、左大殿北方(源倫子)有可產氣色云々、參向奉訪、參內、申剋許被遂產事云
々、女兒(藤原威子)云々、亦參入、相府命云、依早難出、觸穢籠居、於事不便、此間(マヽ)　可然雜
事等可被申行之由、令國平朝臣申右府了、與藤中將・左少將相共歸宅、

東三條院內裏に入り給ふ
冷泉院御佛名
義觀の車宿燒亡す
覺慶僧正を所望す
京職下部等の濫行を停めしむ
左馬寮明年正月節會停止に依りて白馬列見の可否を奏す
白馬列見は寮中の大事
貞觀十四年の例
白馬幷に配流のことを道長に勅問し給ふ
道長の奉答
宗忠平致賴は位記を奪ひて遠流に處し平維衡は位記を帯して移鄉せしむ

廿四日、癸酉、參女院、入御大內、候御共、與大藏卿・藤中將・右衞門尉則隆(橘)參冷泉院、御佛名也、
今夜義觀上人車宿燒亡、奉職朝臣宅南、一品宮北也、
廿五日、甲戌、詣左府、被奏天台座主覺慶申僧正事、又京職下部等入人家、〻別責取米、寄事於僧在處事云〻、此事可示檢非違使別當(公任)・左京大夫(源明理)等者、參內、
廿六日、乙亥、今夜參內、
廿七日、丙子、候內、依仰遣召藏人辨(道方)、大外記善言朝臣申云、左馬寮令申明年正月節會停止云〻、若然者白馬事如何、今日白馬列見、寮中(中カ)大事也、隨仰可進止者、此由申左大臣、〻〻被仰早可令奏之由者、奏之、仰云、爲遣仰此等事於左大臣許、今朝令召道方也、貞觀十四年例、節會雖止、於內殿猶覽白馬、是祖母太后(順子)心喪之內也、今太皇太后雖非服親、崩去之後卌九日之中也、相定可申之由欲仰遣也云〻、右中辨參入、奏事由、卽仰云、靑馬事幷致賴(平)・宗忠・維衡(平)等可遣遠所之事、今日可仰之由等、罷向左大臣家可仰云〻、歸參復命、節會雖止、猶於內殿可覽白馬、可遣遠所人〻事、只在叡慮之由、先日令申了者、奏此旨之間、右大臣參入、仰云、可令道方傳大臣、宗忠・致賴等法家勘申可斷罪由、然而殊有所思食、只追位階處遠流幷維衡乍帶五位可移鄉之由、大臣令奏云、遠流人〻事、

顯光別當公任と配流移郷の國々を定む

隨仰可行、但移鄉事、可相計配所者、諸卿相共可定申、而今日依可有不堪定、雖令誡仰諸卿可參之由、所參入右衞門督藤原朝臣・忠輔朝臣只二人也、事已無止、只兩三人定申之事有憚、但右衞門督藤原朝臣已爲廷尉、雖只一人、與彼相議可定申歟、仰云、雖在無止之事、非可定罪輕重等、至于配所遠近、已有定例、如令申與藤原朝臣相定可申、○小右記ハ、宗忠ヲ致忠ニ作リ、之ヲ佐渡ニ、致賴ヲ隱岐ニ、維衡ヲ淡路ニ流移ス、

明年白馬御覽の儀あり

今日の列見は射を停む

又仰善言朝臣云、左馬寮令申白馬事、節會雖停、於內殿可覽、但列見之間爲例有射事、如宴云々、縱行列見、可止他事、

東三條院內裏より退出し給ふ

參院御方、仰云、明年御愼事等申、后(彰子立后)事有可許之天氣、院御出、候御共、參左府、依穢不著座退出、

外記歲末の政昨今兩年なし

廿八日、丁丑、參內、平中納言於壁後被示云、雖參左(右カ)衞門陣、依無宰相不著、外記歲末政去年不行、今年又如之、甚不便事也、罷出、參院、又參左府、歸宅、康尙師來、與砂金廿兩、桃園佛料也、

行成造佛料の砂金を佛師に給ふ

瀧口を補す

廿九日、戊寅、詣左府、申承雜事、紀宣明申瀧口名簿付右中辨、依召參內、右中辨云、宣明事宣旨下、又左大臣被申菅原輔時同下宣旨云々、候御前、仰云、后事一日申院、暫不可披露、

彰子立后の外聞を憚らせ給ふ

節折
追儺
平惟仲一人事を行ふ
分配の公卿不參

狼藉の犯人を檢非違使に付して拘禁せしむ

節折事兼宣行之、追儺事平中納言申行、令奏云、貞元二年以往、大中納言・參議相共此〔行脱カ〕夜事、而年來之間、上卿一人有行之時、今夜分配大納言民部卿藤原朝臣・參議俊賢朝臣等申障不參、

仰云、依例可行、藏人賴貞云、爲御使此酉剋許參內府之間、三条堀川之間虛車相逢、遮行路不令通、有慮外之鬪亂、仍令右衛門志伊遠〔美努〕捕之將參者、示早可奏之由、右中辨奉勅仰伊遠令禁、子一剋追儺、行事藏人實房〔藤原〕、

源頼貞東三條院還昇

上官等參賀のため藤原行成宅を訪ふ　行成自ら多米國平に盃を勸む

源保光非參議大辨たる時の舊慣

「(標紙題簽)行成卿記　長保二年春夏　七」

「(小口外題、元包紙)春記　長保二年記　自正月至六月　墨付四十九枚續」

長保二年春記

正月大

一日、己卯、大學助(源)頼貞云、東三條院(藤原詮子)小舍人來告召由、依還升也、即令給疋絹、諸大夫數輩來、新年之賀也、爲參左相府(藤原道長)欲乘車之間、史等引來、欲勸酒肴、大夫等早退、無可然人、依有先例、自著侍所、勸盃(藤原)成房少將把酌、於左大史(多米)國平朝臣、示云、平中納言(惟仲)爲非參議大辨之時、時〻詣桃園問故實之中、有可准今日之事、元三日之間、上官等相率到非參議大辨宅之時、主人勸盃、非是定例云〻、抑安和中桃園納言(源保光)爲非參議大辨、爲參內乘車間、

藤原道長家を訪ふ
大臣兩人に引出物あり
東三條院拜禮
御藥を供ず
後取藤原說孝
元日節會幷に小朝拜を停む
女御藤原彰子の曹司に於て飲あり
所司奏を內侍所に付す
見參を奏す
中途より退出の公卿
行成宅參賀の人々
彰子の曹司に於て坏酒あり
東宮に詣す
行成宅參賀の人々

上官等來、諸大夫參賀之輩各退出後、依無衣冠之者、自把盃勸於大夫史安國(物部)宿禰、〻〻賜盃云、大臣家大饗之日、大臣勸盃於非參議大辨、〻〻珍重於是而知、今日安國以不肖身、忝賜大丞之恩盃、新年之慶、希代之榮、未有(上カ)官賜大辨御坏之例云〻、今日之事以可准據者也、國平朝臣以下稱舊貫不朽、一・二巡訖謝遣、次詣左府、少將後車、暫之內大臣(藤原公季)・右大臣(藤原顯光)被參、後聞、有引出物云〻、次與少將詣東院(爲尊親王室)、亦參女院、左丞相引諸卿被參、有拜賀之禮、次亦參內(一條院)、及酉剋未供御藥、仍仰行事藏人實房(藤原)、催促之、權左中辨(藤原說孝)爲後取、此間左大臣以下被參殿上、被奏小朝拜事、仰云、節會已停、何有拜賀哉、仍大臣以下且著殿上、予(藤原行成)勸盃於大臣、蓋有命也、暫之三公被參大盤所、次右・內兩相共於新女御(藤原彰子)上御壺(東北對)寢有飲事、〻了左丞相著仗座、被奏云、節會止不御南(殿脫カ)之時、見參奏否共有其例、隨仰將進退、仰云、有先例可令奏、又被奏云、御暦・氷樣等依例(將)付內侍所、仰云、依請、暫之被參御所、被奏見參、予轉奏之也、次復仗座、召少納言朝典(藤原)給之、諸卿無此事以前、多以退出、丞相就陣之後、右大臣・內大臣・右大將(藤原道綱)・宰相中將(藤原齊信)被退出、甚違例事也、只左大辨(藤原忠輔)祇候而已也、次大臣退出給、候御車後、次歸宅、

二日、庚辰、阿波權守濟政(源)・內藏頭陳政(藤原)・左京大夫明理(源)・右衛門尉則隆(橘)、來臨、謝遣之後、參左府、次詣右府、參內、於女御〻〻曹司有坏酒事、次參東宮(居貞親王)、新少將(藤原公信)取辨乳母額櫛□(云〻カ)、歸宅、

三日、辛巳、早朝權左中辨說孝・少將成房・右少辨致書(源)・民部大輔爲紀(菅原)・中宮亮淸通(藤原)・前伊

酒肴を勸む

豫守知章(藤原)、等來臨、聊鷹酒肴之間、近江介則忠(源)・修理大夫親信(平)・權中將成信(源)・左馬頭相尹(藤原)・源中將經房・右藤中將實成・左藤中將賴親・伊豫守(源)兼資・右中辨道方(源)・左兵衞佐能通(藤原)・右兵衞佐經通(藤原)・新少將公信・藏人廣業(藤原)・兼宣(源)及諸大夫多來、勸酒數巡之後、

人々道長家に參る
道長院宮及び內裏等に參る

人々相率參左府、々々被參東宮・冷泉院、次東三条院・大內、候御共、於女御之方(々カ)、兩三殿上人被鷹酒盃、事訖各退出、

明日より五大尊法を修せしむ

自明日限十个日夜、率六口伴僧、可修不動法(五大尊法第一番)之由、可遣仰山座主(覺慶)許、行事兼宣、

行成御明料等を解脫寺に送付せしむ
行成等藤原道綱家を訪ふ

四日、壬午、依有權僧正(觀修)消息、送御明一升(斗カ)・石米幷雜菜等於解脫寺(山城)、仰付主計允昌光(御船)也、藤中將被過、同車詣右將軍幕下、坏爵數飛、人及酩酊、次參院、次亦參內、次罷出、宿裝束參院之間、

西京火あり
東三條院修正

藤中將實成・少將成房來、同車出間、西京左馬寮邊有火事、初見付之時、當八省院、仍促駕比至待賢門、或告西京、仍更參院、今夜安唐文殊像於新堂被行正月、左大臣・右大將・宰相中將被候、予向曉歸宅、

道長行成をして冷泉院法華御八講布施料に就きて奏せしむ
美濃元日祿料絹を借用するは如何

五日、癸未、詣左府、被奏云、美濃國所進元日祿絹、先日奏解文了、冷泉院御八講布施絹、例以尾張・美濃等國所進充之、而美濃守爲憲(源)被停釐務之間、不勤進濟、尾張國司舘燒亡之後、忽無辨濟之術云々、但差專使可奉獻之由、雖有申上之事、于今無音、先日美濃解文之內、暫借渡令返納如何、

冷泉院別當藤原陳政に短册を與へ受渡さしむ
道長行成に物忌を破りて明日參入すべきことを命ず
秋田城不動穀立用の官符を送付す
白馬節會を停め白馬御覽
襱の裝束幷に飾馬例の如し
近衞陣を引かず
一條院內裏中殿の御裝束
御座
御馬を牽く
右馬助遲參に依りて怠狀を責む
御齋會
大江清通宅燒亡
東三條院に放火あり
女院土御門第に御坐

參內、奏案內、依請、卽詣相府申此旨、仰云、早可仰下、此間國平朝臣退出、內藏頭爲(冷泉院)院別當執行此事、仍與短册令受渡、歸宅、

六日、甲申、參內府幷中務宮(具平親王)、次詣左府、申今明物忌內、明日依重可愼、不可參內之由、命云、猶可參、歸宅、

七日、乙酉、秋田城立用不動可作官符、付甘葛煎使、送出羽守義理(藤原)朝臣許、詣左府、參內、左大臣參仗下、被奏云、白馬事雖止節會、依有例可覽之由、先日所承也、但襱近衞等裝束幷馬飾否、陣有無之事可隨仰、　仰云、襱裝・馬飾如例、但止近衞陣、可令供奉本寮(馬寮)、亦大臣被召參上、被仰御裝束之事、仍垂南廂御簾、西第一・二・三間鋪疊、爲公卿座、廂南第四間設御座、大外記善言(滋野)朝臣奉仰、再三遣召御馬、申剋纔參來、亦被奏云、左馬寮頭參入、助不候、右寮助(平孝義)雖參、頭(藤原通任)不參、若左頭・右助左右供奉御馬前如何、仰云、依請、卽有　勅牽渡御馬、其數(左右各十疋)如常、右助令申候由遲參、仍被責怠狀、今夜退出、

八日、丙戌、御齋會始也、不參、此夜民部少輔清通(大江)朝臣中御門宅燒亡、放火云々、

九日、丁亥、早朝兩三大夫來云、今曉東三條院西對有放火事、擧任朝臣見付撲滅云々、于時御土御門、

道長の命に依り行成垸飯菓子等を東三條院に調進す
大雪

申剋參院、依左府命調垸飯、亦備菓子廿折櫃入女房、彈正親王（爲尊親王）・帥親王（敦道親王）・□（右）大臣被參會、自餘卿相・殿上人等亦多參、修正之間依御坐新堂也、今夜大雪、

十日、戊子、與右藤中將自院參左府、暫之歸宅、

十九日より三所に於て御諷誦を修せしむ

十一日、己丑、參內、左府命曰、自來十九日、於三箇所可令奉仕御諷誦、其料布可召儲、中堂（延暦寺根本中堂）・八幡（石清水）・石山（近江）、

造靈巖寺妙見堂料を修理職に下す

納官厨家下野國所進手作布百端、依修理職事（申カ）、可下充造靈巖寺妙見堂料之由、仰國平朝臣、

十二日、庚寅、參內、謁左府、

五大尊法第二番

十三日、辛卯、參左府、申御修法事、參內、奏事由、遣仰律師慶圓許、五大尊法第二番（降三世法）、於便所率伴僧四口、限十箇日夜、可勤修之由、行事實房、

上野勅旨駒牽

此日牽上野馬、右大臣被參、頃之源大納言（時中）被參、大臣退出、依召候御前、申敍位・除目

御馬解文を奏す

等事、藏人實房奏大納言源朝臣令奏上野御馬解文、仰云、依例行之、但又注延期由解

逗留解文は御所に留む

文被留御所、頃之右近府生氏高來殿上云、御馬可給殿上人可參之由、有源納言被仰之事、

上卿以下著座

源大納言・左大辨著右衞門陣、西門外、西架外所司預立兀子二脚、南去二許丈立長床子、權左中辨說孝、・右近中將賴定（源）・左少將重家（藤原）等就之、北面東上、○其南又外記・史床子、又其南有官掌□（床カ）□○著之時外記取御馬解文相從、

冷泉院及び東宮牽分左右取手次將を召して分取せしむ

殿上人に御馬を賜ふ

奏慶

拜舞
院宮牽分使は藏人仰すべし

御修法の料米下行

御齋會內論義
右近衞陣饗

出居著座

祿

道長の觸穢に依りて受領功過定を延引す

上卿著後置之前床子、座各定後、引廻御馬三疋、上仰、乘、〻廻三疋、上（衍カ）仰又仰、下、列立御馬、次令牽出、冷泉院・東宮牽分、次上召近衞府、左少將重家起座稱唯、進立上卿前、次上又召近衞府、右中將起座稱唯、進立同前、（馬寮左右不足、仍不召也、）仰云、御馬取、近衞將共稱唯、自御馬後、南北往反三度、各取御馬一疋、

次上卿以下起座、次第取之、本數十疋、仍上卿以下給馬□（六カ）人、（予・權左中辨・兩次將也、）取之各一拜、事了上卿以下參御所、令藏人奏給御馬悦、納言被示云、今夜拜舞如何、小朝拜已被止云〻、余申云、元日依被止節會、又不被行小朝拜、至于馬給之人、何不拜舞哉、于時藏人仰　勅答、因拜舞、牽分事、始奏解文之時、上卿奉仰令引分、至使藏人可仰也、而無左右、甚見苦、退出、乘車之間、造酒令史川有富來、依有所申與馬、

十四日、壬辰、參左府、中今日論義可有之由、參內、借淡路守父〔文〕（平）佐米廿石、充明日被始御修法料、

亥剋上達部參著右近陣、辨・少納言就中・少將座、外記・史在陣腋座、（尋常居處、）三巡之後、右大將被仰僧等可令參之由云〻、其後藏人廣業就膝突召之、近衞次將就出居座、諸卿參上、僧侶參上、論義事了賜祿、皆如常、與右中辨退出、

十五日、癸巳、參左府、被示曰、至今日有穢不能參內、受領功過明日可定申、人〻申文早

外記政始
日上藤原懷忠
行成廣隆寺に詣す
受領功過定
和泉守の功過勘解由勘文
道長東三條院に詣す
大和守を召問す
御修法の料米下行
三所百箇日御諷誦
近江筑摩御厨長を補す
紀兼輔彈正忠を望む
除目召仰
藤原公季行成をして熊野別當官符請印の

奏下、便令續文可候、亦仰厨家(太政官)令儲湯漬、
參結政、此日政始也、民部卿(藤原懷忠)爲日上、廳事了參內、
十六日、甲午、早旦與藥助參廣隆寺(山城)、歸後參內、此□(日カ)左大臣於右仗被定申受領功過、被奏
云、國平和泉功過去年定申、二寮(主計・主稅)公文上奏已了、彼定文下給、定加勘解由勘文可令奏、
此夜候宿、
十七日、乙未、參結政、依無史不著、與右中辨亦參內、左大臣又被定申受領功過、
東三條院參給、候御共、亦宿侍、
此日令國平朝臣、召問大和守俊(橘)齊朝臣、
十九日、丁酉、自今日山座主奉仕御修法、行事實房、料米且五十石右中辨下、
又自今日百日、三所御諷誦石山・中堂・八幡、詣左府、申近江國筑摩御厨長物部永邦任符可令作事、
依請、
廿日、戊戌、參左府、詣彈正宮、申越前掾紀兼輔申臺忠請奏之由幷奉名簿、卽給御署、附
和泉守道(橘)貞朝臣、奉送權中將御許、是彼中將切々被示也、左大臣被召仰明後日可有除目
之由、卽仰左大史國平朝臣、又仰藏人則隆、
內大臣被奏示云、熊野別當增皇久住於彼山而修行、濫僧京壽と云者、僞作解文、言上於官、

ことに就きて奏せしむ
京壽解文を僞作して言上す
公季道理なきに依りて請印を抑留す

行成の奏聞
勅して京壽の別當補任官符を抑留せしむ

除目
陳政申請する所の院分受領を停めて近江に拜任せられんことを奏す

當年內給
同院宮御給
同公卿給
所々擧奏

顯官擧

隨亦作上官符可請印云〻、彼山僧等愁申之由、依有傳承、仰少外記保重〔清科〕、令留請印、然間大外記善言稱奉　勅、欲令疊上者、尋問其案內、權左中辨說孝朝臣所傳仰也云〻、件事先日依有所承、令留請印也、如此之事仰云者、雖在下﨟、先被召問抑留之旨、隨其理非、所被進退也、抑〻留之旨、雖有理致、至于有指仰、何因抑留哉、亦說孝朝臣身是辨官也、辨官奉綸〔言カ〕之庶事、仰上卿所仰下也、至于仰雜事於外記之事、頭・藏人等所傳也、此等趣伺雍容可洩奏者、卽奏聞、仰云、先日件京壽得理之由有聞食、仍問說孝朝臣、申云、增皇有犯過、京壽得道理、可爲別當者、仍京壽官符不抑留、早可令印之由、可仰善言之旨、先日便仰說孝朝臣也、今如聞食、本寺猶請增皇、然則可令抑留京壽官符之由、早可召仰善言、亦以此旨可仰內大臣者、卽申此由了、

廿二日、庚子、早朝參左府幷內、除目議初也、內藏頭陳政朝臣令奏云、本任備中國公事、去年之內究濟既了、須申以舊吏拜除一任之由、而新制之後、其限已過、加之新敍分外闕國員少、陳政爲冷泉院別當、申請院分、若有　朝恩、停彼院分之國、拜任近江、□〔其カ〕外之國非敢所望、被仰云、令諸卿相定可進止之、人〻申文如例、　奏聞擇定如常、內給・院宮御給幷公卿給、以上當年、又可然所〻奏狀等、以上今日可給、又任國公事究濟舊吏一束、申式部一束、治部丞菅〔原〕師長・宮內丞源道濟・彈正臺奏〔大江〕忠孝・主殿助藤原賴明・權助同隆光・左衞門少尉平永昌、民部一束、勘解由使奏判官〔橘〕內位・玄蕃助〔藤原〕弘道・卿獨奏、兵部丞〔源〕齊、外記、諸陵允〔賀陽〕宣政・式部錄〔弓削〕淸言・

受領擧新敍分
御裝束出御
小敍位
明日の賭射を停む
南庭の版位紛失す
宗岡爲成を內階に敍す
道長行成をして僧正眞喜の辭狀を奏せしむ
道長に藏人を定むべきことを仰せ給ふ
五大尊法第三番料物なきに依りて延引す

西市正重倫、官史、式部省奏錄(伴)季隨、・民部省奏錄長實、・檢非違使右志(源)忠國・勘解由使奏主典憲□、・春宮屬善政(伊岐)・弘賴(藤原)、以上二人不必可入、式部錄文信(石城)左大臣擧申、・藏人所出納□、衞門尉、右兵衞尉忠通・右馬允賴信(藤原)・公憲(橘)・是光(藤原)・元邦、申爵者等一束、申受領等之中、新敍式部分、賴隆(藤原)・理義(平)、史、利貫・忠信、檢非違使、忠親(藤原)・爲長(藤原)・惟風(藤原)・爲理(菅原)、自餘雖多不注、御裝束如例、行事賴貞、申文擇定之後、出御、令藏人則隆召公卿、

廿三日、議如昨、

廿五日、辰剋除目議了、有小敍位事、天暦例也、左大臣被奏云、明日可覽右近射之由、一日奉略 勅命、重承一定可令仰、奏此旨、仰云、射事可止、南庭版位已紛失、可令作置之由可仰、大臣卽被仰大外記善言朝臣、大臣令奏外記宗岡爲成可敍內階、仰、依請、

廿六日、甲辰、早旦自左府爲使帶刀長平高義有召、因參詣之次、奉覽眞喜僧正書狀幷辭書等、命云、辭書可奏、亦覽可奏之文等、此間右大將被參、□(被カ)申云、今日可有賭弓之由、從陣催來云〻、相府命云、昨日承可止之仰、今有此告、早參入取案內可示、卽參入、弓場殿供御裝束、參御所奏事由、仰云、賭弓事昨仰可止之由已了、亦藏人可定、左大臣可參之由可仰遣者、卽以書狀申達左府、又候御前、擇置文書、忠直之誠意銘心肝、况面奉綸旨及于再三、彌勵愚昧有何怠□(倦カ)、自去四日奉仕御修法、第三番(軍荼利法)可始、當今日、而依無料物、自來廿八日可行之由、仰實房、

藤原顯光加階の奏慶
宿曜物忌
藏人を補す
還昇
橘德子を從三位に敍す
女御彰子立后
兼宣旨
勅使藤原正光
行成の奏上
藤氏の后は皆出家して氏祀を勤め給はず
神事違例
我朝は神國なり
大原野祭の濫觴

慶圓律師所奉仕第二番御修法析、先下廿石之遺、以文佐朝臣米補（下其）代、以大炊寮備前國年析下文亦補送、右大臣（正二位）被申慶賀之由、晩景左大臣參入、明日可有藏人定、罷出、

廿七日、乙巳、依宿曜物忌、例也、藏人被定云〻、

藏人朝經（藤原）・濟政・孝標（菅原）・忠隆（源）、還升道方・重家、

御乳母橘德子敍從三位、

廿八日、丙午、早旦參內、此日藏人頭正光（藤原）朝臣奉　勅、詣女御〻曹司傳之左大臣立后宣命日可令擇申之由、先日內〻以此氣色、可告大臣之由蒙　勅命、然而申自院被傳仰可有便宜之由、上（一條天皇）諾之、大臣內（豫）依院仰所被承也、今日依吉日、露所被仰也、此事去冬之末、太后（昌子內親王）崩給以來（元年十二月一日崩）、度〻催奏其旨、當時所坐藤氏皇后東三条院・皇太后宮（藤原遵子）・中宮（藤原定子）、皆依出家、無勤氏祀、職納之物、可充神事、已有其數、然而入道之後、不勤其事、雖帶后位、雖有納物、如尸祿素飡之臣、徒費（資）私用、空費公物、論之朝政、未有何益、度〻依恠、所司卜申神事違例之由、疑慮所至、恐在如此之漸歟、永祚中有四后、是漢哀（哀帝）亂代之例也、初立之議（儀）、雖有謗毀例、致爰出准據無難歟、况當時所在二后也、今加其一令勤神事、有何事哉、我朝神國也、以神事可爲先、中宮雖爲正妃、已被出家入道、隨不勤神事、依有殊私之恩、無止職號、全納封戶也、重立妃爲后、令掌氏祭可宜歟、又大原野祭尋其濫觴、在於后宮之所祈、而當時二后共無所勤、左大臣依氏

氏長者専ら祭祀に奉仕す

勅使に女裝束を給ふ

道長の奏慶

東三條院にも慶を啓す

平惟仲加階の後始めて廳事を行ふ

三所御誦經の料布下行

五大尊法第三番

立后雜事定

東三條院内裏より退出し給ふ

藤原成房還昇の奏慶

行成母忌日

東三條院御釋經

藤原行成の上夕幷に上不

長者、獨勤其祭、雖不致闕怠、恐非神明之本意歟、是亦可謂神事之違例、小臣(行成)以藤氏末葉、爲○(思)氏祭所申也、於其可否只在　聖擇、此間所奏雖多、不能悉詳之、主上・大臣□(具カ)所察也、大臣奉　勅命之後、以女裝束一襲被勅使、大臣參進御所、令奏慶由、拜舞、大藏卿正光朝臣傳之、亦參院上御廬啓慶、再拜、予傳啓之、予以立后舊記奉之、依先日命也、○コノ條、京都御所東山御文庫記錄乙二十八所收冊命皇后式及ビ柳原家記錄十一所收立后雜事抄ニ收ム、異同多シ、宜ク參看スベシ、

次參結政、平中納言(正三位)加階之後、今日始行廳事、召使牽戸之後、官掌告內裏召由、待上卿著座、時□(剋カ)多移、仍立座參內、依　勅仰遣御祈願事等、御誦經粁布支配、八幡廿端・石山廿端・山十端、(比叡山延曆寺)又軍荼利法始自今日、限十个日可修之由、遣仰法務僧都(雅慶)房、於眞言院也、行事實房、

參東宮、詣左府、二条、(源奉職宅)被定立后日雜事、次自土御門殿參給內、候御車、院出御、候御共、

成房少將還昇事、付大藏卿令奏、與藤中將同車歸宅、

廿九日、忌日、(亡母源保光女)

卅日、參左相府、參院、ゝ源奉釋法華經第六・七卷、參內、候宿、

二月

酉夕戌夕〔戌〕亥不丑吉寅木吉卯夕(木曜)辰夕巳午吉未吉申吉酉吉戌不子丑夕寅夕卯不巳夕午夕未吉申吉酉戌亥子吉丑吉

所充

還昇

藏人所雜色を補す

起請

藤原成房還昇

後の初參に依りて內宿す

明日御物忌

源濟政等藏人の後初めて文を奏す

東三條院及び具平親王等に位記を頒給し奉る

明久より僧正眞喜の辭狀等を送付す

東宮弓及び蹴鞠を行ひ給ふ

祇候の人々

東宮和歌を詠じ給ふ

藤原道長之に唱和し奉る

行成敦道親王より村上天皇御製の詩草等を拜借し奉る

一日、己酉、候內、○コノ條、原ト二月ノ下ニ續ケタリ、今意ニ據リテ行ヲ改ム、

二日、庚戌、候內、左大臣(藤原道長)於御前被定申所々別當、成房(藤原)朝臣還昇、宮內少丞源道濟爲雜色、前近江介則忠(源)朝臣如舊可令候殿上、宣旨下之、先年有起請、受領吏候殿上者、去任之後不得上殿、今隨舊例殊聽之也、

成房少將今夜參入、宿下官(藤原行成)直廬、依明日吉欲初參、相當御物忌也、

三日、辛亥、藏人阿波權守濟(源)政・右衞門尉孝標(菅原)・忠隆(源)等、今日初奏文、罷出、詣藤相公(懷平)御許、參院(藤原詮子)、奉粟田富定位記、法興院申請修理析也、又中務卿親王(具平)・右大臣(藤原顯光)位記等、依勅給少內記則孝(源)、仰依例可頒之由、相加女位記、候御所也、詣彈正宮(爲尊親王)、還宅、廣業(藤原)朝臣來、自興福寺權別當(明久)許、送僧正(眞喜)辭書一函幷書狀一封、可奉左府云々、參東宮(居貞親王)、有御射事、彈正親王・大宰帥(敦道)親王・左大臣被候、射場事訖、有蹴鞠之戲、儲君御其庭、兩親王・丞相亦從之、余(行成)・權亮陳政(藤原)朝臣・左馬權頭兼資(源)朝臣・右近權中將成信(源)朝臣・大進賴光(源)等同以供奉、遊戲已闌、光景云斜、左大臣退出、于時殿前梅樹南枝先開、殿下令曰、花色新開、不可空過、大臣卽跪奉令、進於花下、攀得一枝獻之、令曰、君折礼波匂勝礼利梅花、大臣登時啓曰、思心乃有礼波鳴可、大臣又啓久、裁置之昔乃人乃詞尓毛君可爲とや花尓告兼、事是所忽、興味有餘、及于秉燭各退出、詣帥宮、奉借天曆(村上天皇)御製詩草一卷、又借給道風(小野)飛白書一卷、歸宅、

大中臣永頼伊勢下向に就きて行成に諮る
宣旨を下す
行成眞喜の辭狀等を道長に進む
右抄符を補す
結政
日上平惟仲印文なし
南所物忌
行成具平親王に詣す
大原野祭
行成私幣を奉る
藤原公信に禁色を聴す
僧正眞喜寂す
藤原懐平第二女歿す
中宮行啓召仰
禁色雑袍宣旨を下す
行成東三條院に雑事を啓し又位記を奉る

四日、壬子、祭主永頼(大中臣)朝臣來示云、爲祈年祭使可罷下、而公家有被召問之事、仍難輙進退、卽答云、令國平(多米)朝臣申云(之カ)、頃之國平朝臣來、卽下宣旨四枚、注目録、次示祭主永頼朝臣所申旨、且可申此左府、朝間有所障、早不可參、仍且可申此案內也、沐浴後參左府、奉眞喜僧正書幷辭書、次歸宅、國平朝臣傳左大辨(藤原忠輔)消息云、右抄符有闕、以第一﨟富光補之如何、卽仰下、

五日、癸丑、與右中辨(源道方)同車、參結政、平中納言(惟仲)就廳、外記申無印文之由、上出、令召使申南所物忌之由、次參內、仰國平朝臣嚴久僧都加署文不可令申上之由、左大臣仰也、次詣左府、依有被奏事、還參內、亦詣左府、

六日、甲寅、晩景自中書宮(具平親王)有召、仍參、

七日、乙卯、大原(野脱)祭也、於惟弘(橘)宅浴、出河原奉幣於大原野、藥助幷少女・少兒同奉幣、歸宅、次詣左府、參內、右近衞少將公信(藤原)朝臣聽禁色云々、參東宮、亦參左府、歸宅、亦參內、候宿、僧正法印大和尚位眞喜卒、藤相公第二娘亡、

八日、丙辰、候內、

九日、丁巳、依　勅遣召平中納言、仰來十一日中宮(藤原定子)可入御、供奉諸衞・所司等可催行之由、又下去二日所下給禁色・雜袍宣旨、罷出、參院、令啓公文雜色光眞所申穀倉院舊年返抄

道長に宣旨を下す
北陣外等を掃除せしむ
宣旨を下す
五大尊法第四番
穀倉院納米を料物に充つ
源道方等の啓慶
藤原彰子内裏より退出す
彰子に輦車を聽す
纏頭
行成春日祭使に摺袴を贈る
列見
結政の間晴儀
中途より雨儀に改む
申文を結ぬ
式部省不參
上卿以下朝所に著く
宴座

改正成事、前別當以往之事、雖恐仰旨、早難承行之由、又奉藤原文榮位記、是檀那院所申、依先日仰催成也、詣左府、下奉宣旨、歸宅、

十日、戊午、召國平朝臣、仰北陣外幷堀河西掃治事、可仰左右衛門府・京職、下宣旨十三枚、左大臣、子細在目錄、參結政、中・(少)辨以下不參、了參內、令奏事由、遣仰尊叡律師許十箇日大威德法之事、料物充穀倉院納播磨國米廿九石下文、付可行事藏人(藤原)實房、參左府、歸宅、少將來、詣左府、○參彈正宮、々々不御坐、參院、右中辨道方、・後少將成房、等令啓殿上悅、依藏人等裝束、余以院司(東三條院別當)啓之、次參內、左府被參、女御(藤原彰子)此夜戌剋出給、二条、(源)奉職朝臣宅、大臣月來住此給也、(藤原正光)大藏卿奉　勅命、催殿上十人令行前、此外卿相以下有其數、藏人仰輦車宣旨、東對南庇儲上達部・殿上人座、一兩巡後、有纏頭、殿上人、○コノ條、柳原家記錄十一所收立后雜事抄ニ收ム、

十一日、己未、春日祭使立、仍送摺袴一腰於使中將(源)賴定許、此日列見、參官、就結政之間用晴儀、上卿就廳之後、更改雨儀、史等就庭結申文如常、訖左大辨起座就廳、予又起座、暫就造曹司所、例也、尋常政如常、式部不具、仍召兵部、事了卿相就朝所、予壁外暫佇立、中辨以下不就座、差史生大鳥爲範、示送早可就座之由、仍予先就座、(次)中辨以下著訖、一獻之間盃在予手、史生欲酌、左中辨(高階)信順、目史令酌、觴行數巡之後、官掌申裝束了之由、(宴座)上卿置箸、以下從之、辨・少納言等下立南廂、上卿以一(下脱カ)々揖退出如例、余歸宅、(將)小兒等

檢非違使別當藤原公任行成に辭狀を付す
彰子に勅使を遣はし給ふ
東三條院法興院に遷り給ふ
中宮內裏に入り給ふ
中宮臨時御給
春日祭
圓融天皇御忌
出御
參入の公卿
御物忌
呪願
東三條院源爲憲優免のことを令し給ふ
行成令旨を道長に傳ふ
法興院觸穢
內裏觸穢
道長東三條院に詣す
藤原威子五十日の儀
衰日を避け是日行ふ

向惟弘宅、明日爲奉幣也、
檢非違(使脱)別當(藤原公任)爲使右衞門志縣犬養爲政、送辭退狀、卽詣左府、不坐、相尋參東宮、申案內、權中將示、今朝成房少將爲御使參女御殿、泥醉云々、參內、此夜院御法興院、中宮入御內裏、
大藏卿被過宿所、示曰、中宮少進藤原惟通給宮臨時御給、右近將監(藤原)永家依去年非巡祭使功、不次給爵云々、
十二日、庚申、春日祭也、御國忌(圓融天皇)也、大藏卿爲陪膳、予候御裝束、出御、召公卿、平中納言・左大辨・宰相中將(藤原齊信)參上、依御物忌、自去夕候宿、雅慶僧都參上、呪願、侍臣候座如例、行事藏人兼宣、(源)事訖參法興院、(詮子御在所)令申昨日御共不陪從之悚、被仰云、美濃國司(源爲憲)事可申免之由、
十三日、辛酉、自內著結政、事了參內、詣左府、申昨院所被仰美濃守爲憲可從釐務事、丞相被申、件事諸卿僉議可有一定歟、亦下奉宣旨等、退出、亦詣、候御車參法興院、此院有五躰不具穢、次向給土御門殿、大藏卿參入、申大內有穢之由、髑髏、七日可忌、次詣彈正宮、次歸宅之便、亦詣左府、
十四日、壬戌、詣左府、參院、左府〇(御)土御門、參內、罷出、已上(候左)□府御共、
去年十二月(二十三日)所生小君(藤原威子)五十日也、五十日當昨、而今日有此事、若避衰日歟、歸宅、

法興院行幸の日取
皇子敦康百日の御儀
中宮御所に渡御
御前物を供ぜしむ
道長第競馬のため藏人所平移鞍を貸與ふ
臨時仁王會定
內豎所を以て廢太皇太后宮職に改入す
立后日の行事藏人を定む
美濃守爲憲優免の可否を定む
諸卿の意見
勅裁
定に從ひ爲憲の罪を免ず
立后日宣命の刻限等のことを藤原懷忠に仰す

十六日、甲子、自左府御宿所有召、朝參內之間出給、候御共、於土御門第、被示來月十四日行幸事、

十六〔八〕日、丙寅、候內、男一宮(敦康)百日、主上(一條天皇)渡御北殿、中宮御上壺寢、依召參御前、被仰催殿上人〻可供御前物之由、大藏卿供之、取打敷、殿上人益送、女一宮(脩子内親王)御前物、依仰同供之、右大將(藤原道綱)被奏云、來月(三月六日)可有競馬事云〻、藏人所平移鞍十具相分可給、仰依左馬寮申充給了、候宿、

廿二日、庚午、左大臣被定申臨時仁王會事、被奏云、太皇太后宮職已以停止(元年十二月七日)、其替以內豎所改入、依請、頃□(之カ)大臣令左少辨(藤原朝經)奏仁王會僧名・日時勘文幷撿挍・行事等定文、來月五日、來廿五日立后事、行事可定由示式部丞(橘則隆)、源藏人(忠隆)可奉仕云〻、大臣被奏云、美濃國司爲憲事、依前日仰欲定申、參入諸卿不幾、後日欲定申、若延引歟、仰云、令泰(參)入諸卿可令定申、頃之被奏云、民部卿藤原朝臣(懷忠)・中納言平朝臣・忠輔朝臣等定申云、美濃守爲憲依與判藤原宗忠致害事日記、被勘問、無所避申、依法家勘申、宗忠處流罪了、爲憲同任彼勘狀、可被解官、然而宗忠減斬處流、至于解官、亦減之可被行歟、加之彼國百姓等申國內(內裏)興復不可解任之由、又造作事依有任限、可遷替國或有可致懈怠之聞、付如此之事、殊被優免、可令勵將來歟、仰云、依定申、仰國平朝臣、大臣亦被申云、此夜雖可候宿、經營期迫、不具事多、仍不能候、但宣命日剋限等、可被仰民部卿

行成土御門第寢殿障子色紙形本文を書す

源經房等を勘事に處す

安倍吉昌天文密奏を上る

行成小兒喰始

彰子立后

一條院內裏南殿の儀御裝束は紫宸殿に准ず

冊命使源成信

皇后藤原遵子を皇太后となし女御彰子を皇后となす

藤原顯光南座に著く

宣命草を奏す

出御

宣命清書を奏す

近仗階下に陣す

藤原朝臣歟、依仰〻之、戸（懐忠）部被仰余亦大外記善（滋野）言朝臣、余亦仰左大史國平朝臣、

廿三日、辛未、早朝參衙、依召詣左府、書寢殿障子色紙形本文、

左源中將經房、・後少將成房、勘事、

此夕日薄蝕、吉昌（安倍）朝臣上變異奏、

廿五日、癸酉、巳剋小兒始飡、前物文佐（平）朝臣調之、小臺六本、詣左相府上東門第、此日立后、丞相命云、今日御使前〻給親昵人云〻、天德二年謙（藤原伊尹）德公・天祿四年閑院大（藤原朝光）納言・天元〔五脱〕年右衞〔門脱〕督（公任）、皆后兄弟、亦大床子・師子形等、宣命了卽可給者、參內、一条院、南〔殿脱カ〕装束准紫宸殿供奉、但間數減二間、然而御簾西間立內辨兀子如例、被仰宣命事、奏云、以四条后（藤原遵子）爲皇太后宜歟、亦被仰先〻行事、亦申御使可遣之事、依仰遣召權中將、成信、頃之參入、又暫之左大臣被參、宣命剋限酉二剋也、先之右大臣被參、有召參晝御座、　仰云、以皇后爲皇大〔太〕后、以女御從三位藤原朝臣彰子、爲皇后之由可仰、卽到右仗仰右大臣、〻〻移南座、召官人令置膝突、令召內記、卽大內記宣（菅原）義朝臣參、奉仰以草覽大臣、參御所、殿上小板敷戸外、令余奏之、仰云、依草、件草依左府命、豫仰宣義朝臣、令書儲之、次出御、

次右大臣於便所亦被奏清書、此度若參母屋御簾下、可被付內侍歟、返給之後、近仗陣階下、內侍臨檻、大臣參上、闈司出、不開門、西中門本自開也、大臣召舍人、二音、大舍人於中門外稱唯、少納言藤原朝臣朝典代就版、

参入の公卿
宣命使惟仲召詞に誤あり
宣制
兩段再拜公卿退出
還御
顯光及び源時中除目の執筆を回避す
中宮職司を定む
出御
道綱除目を行ふ
土代
中宮内侍
啓陣

大臣宣、刀禰召、朝典稱唯、出中門外召、大納言源時中卿・藤原道綱卿・權大納言同懷忠□〔卿〕・中納言平惟仲卿・藤原時光卿・參議藤原誠信卿・同公任朝臣・同忠輔朝臣・齊信朝臣・源俊賢朝臣等參入、就標下、四位以下不列入、大臣召中納言平朝臣〔前中宮大夫〕、詞云、中乃物申司乃平朝臣、其爲長官者不召上字、仍只召厶官〔宮カ〕乃、而今稱司乃、繆案也、平朝臣稱唯、揖而離列斜行、經南殿西南渡殿昇殿、立大臣左方長押下、大臣給宣命、左手給之、納言搢笏進寄給之、右廻下殿、待大臣就列、然後就宣命版、宣制一段、羣卿再拜、又宣制一段、羣卿又再拜、納言右廻就本位、大臣以下退出、此間仰藏人則隆、差出納令奉中宮〔彰子〕大床子二脚・師子二(形)頭・揮鞋一足、

天皇還御本殿、先是右大臣命云、今日依當衰日、不可候除目之由、可申左大臣者、卽申案内了、于時左大臣令權中將成信、蜜〔密〕告源大納言、參中宮、若依不可堪除目歟、有召參御前、仰云、可有除目、召右大將藤原朝臣、予奉　勅召藏人所菅圓座一枚、鋪南又庇、但不垂御簾、于時殿司供燈、主上出御、召人、大藏卿正光、參入、依仰召大將、此間大臣奉遣經房中將於中宮、被申可立大床子、置師子形幷可立倚子事、爲拜禮也、　次召紙・筆、左大臣豫書土代獻上之也、除目、訖大將退下、大夫源時中兼、・權大夫藤原齊信兼、・亮藤原正光兼、・權亮源則忠兼、・大進大江清通兼、・權大進源高雅兼、・少進橘忠範兼、・藤原陳泰兼、・大屬丸部兼善兼、・少屬飛鳥戸光正兼、・權少屬□□、　左大臣被奏云、以橘朝臣良藝子、院辨命婦、爲宮內侍、奏聞了、亦被仰六衞啓陣依例可令遣之由、仰右大臣、大將暫立壁後、大臣召仰諸衞、退出之後、可著陣令淸書也、此間申左大臣參中宮、大臣以下、淸書之後可被參中宮也、因(丞相旨、)御消息相遇藤三位〔繁子〕、問理髮事、被奉仕可

本宮の儀鋪設

宜之由、内ゝ相示也、中宮御寢殿、東對南放出四間、母屋南北行東西對座、鋪高麗端土敷、上鋪圓座、爲參議以上座、並北上、親王著東座、大臣著西座、及納言以下參議以上座、例高麗端、南廂鋪兩面端疊、爲四位侍從座、南廂鋪紫端疊、爲五位侍從座、皆豫備俎上饌、

王卿參入著座

東孫廂儲殿上人座、予仰春宮屬錦信理令奉仕、頃之諸卿被參西中門、令亮正光朝臣啓事由、拜賀侍從相從、訖次第著座、次彈正尹・大宰帥兩親王著座、事了召於

管絃

御前、又砌下召管絃者、于時鸎吻頻飛、鳳管數鳴、万春之樂未央、一夜之漏將曙、事了

祿

賜祿有差、與藤中將同車歸宅、

皇后に中宮職を置く
藤原齊信疑義を發す

皇后宮（職脫カ）爲皇太后宮職、中宮職爲皇后宮｜（職、下同ジ）、新后宮爲中□（宮｜カ）、宰相中將云、宣命使殿上右廻有疑、依可下殿、右廻無疑也、也、亦出西渡殿、就宣命版之間斜行、非也、又宣命了還之時、南向而揖、失也、還而揖非欲折西而揖、非失耳、

祈年穀奉幣
幣料未進の國
國を奏す

廿七日、乙亥、參內、未剋、祈年穀奉幣使可發遣、行事權左中辨（藤原說孝）書出幣料未進國ゝ、奏覽、召余被仰云、剋限欲過、幣物不具、所祈無止、不可默尒云ゝ、仍忽求練用絹十四疋、付（令付カ）令

南殿に出御
御裝束

行事所、件代召納早可返補之由、示行事辨、可出御南殿、仍上殿南廂東第一間格子、立

顯光宣命草幷
に淸書を奏す

母屋御障子、掃部寮立御屛風一帖、鋪神事御座、右大臣被奏宣命草幷淸書云ゝ、參中宮、

中宮に勸學院
步あり

勸學院司・學生等參入、候內之間、院事正□（秀カ）來、告可參之由、東對之南廊儲坐、學生等俳佪馬場殿邊、權亮則忠

見參を進む
謝座

（藤原）朝臣相迎、別當勘解由判官行忠付之見參、啓事由、承報令之後、列立庭中、再拜就座、

鳴高
三獻
朗詠
復飯
祿
勸學院別當は勸盃せず
東三條院御讀經結願
中宮啓陣を返し給ふ
饗祿

有司・學生稱鳴高、行事之間還成諠譁、例也、一巡、大夫・權大夫、二巡、亮・權亮、三巡、右源中將賴定・權中將成信、次汁物、觴巡數行之後、朗詠發音、次召復飯、撤饌之後、給祿退出、右大將・余雖參不勸盃、依爲別當也、(勸學院)事訖退出、○二十五日・二十七日ノ兩條、京都御所東山御文庫記錄乙二十八所收册命皇后式及ビ柳原家記錄十一所收立后雜事抄ニ收ム、

廿八日、丙子、參結政、詣左府、謁僧正、(觀修)赴藤相公御許、弔中娘夭亡、(二月七日)參院、御讀經結願也、詣六條、(具平親王)奉問惱給由、參皇太后、謁三条殿北方、(藤原賴忠)(嚴子女王)中宮啓陣今日被返、給饗祿云〻、

○コノ條、京都御所東山御文庫記錄乙二十八所收册命皇后式ニ收ム、

藤原行成の上夕弁に上不
日食に依りて行成結政不參
行成の見解日食の日は廢務の例

三月

寅卯辰巳午未不酉戌亥子不寅不不巳午未申酉戌亥子丑寅卯辰不午未

一日、戊寅、日蝕、仍不參結政、詣左府、(藤原道長)右中辨(源道方)以下自結政參會、余(藤原行成)云、日蝕之日、廢務例也、而今日結政如何、左少辨(藤原朝經)云、寮(陰陽)雖申省、(中務)〻未申官、〻隨難知其案內、有結政也、予重云、此蝕諸人所知也、所司縱懈緩無所申、可尋問之事官也、寮申省之由、若有云〻、先令問省、隨申來可進止、而只以省違例懈怠申上、直行結政之儀如何、中辨以下無所答、丞相命云、此事可尋問歟、暫之參院、(藤原詮子)有召候御前、退出、

行成東三條院に詣す
東三條院法興院行幸を停め諸所參詣を令し給ふ

二日、己卯、參結政、參東院、(爲尊親王室)參法興院、(詮子御在所)行幸停止、院來廿日可詣給石淸水・住吉社・天

藤原道長家作文詩題
行幸停止
直物除目幷に敍位石清水臨時祭定
臨時仁王會
東三條院土御門第に遷り給ふ
道長第競馬
東三條院內裏に入り給ふ
季御讀經定
所充
行成東宮に書四卷を奉る
覺慶任僧正の慶を道長に申す
被物あり

王寺等之由云々、
左丞相被參、次出二條給(源奉職宅)、候御共、覽興福寺申封國不□狀之文、仰云、可令譴責、依有教命、改換衣裳宿裝、參中宮(藤原彰子)、有作文(土御門第)、題云、花影滿春池、事了、與右中辨道□(方)・權中將(源)成信、歸宅、于時遲明也、
三日、庚辰、參內、被仰行幸停止之由、
四日、辛巳、詣左府、參內、有直物、其次有除目・敍位、被(定)□(臨カ)(石清水)時祭事(二十九日)、罷出、
五日、壬午、參內、仁王會也、行事辨朝經、詣左府、院自法興院還御中宮、供奉罷出、
六日、癸未、詣左府、參內、亦詣左府、有競馬之事、
八日、乙酉、參結政、參左府、院此夜參內給、候內、
十日、丁亥、左大臣於陣被定申季御讀經事、來十六日、
前此申所充文、史(和氣)元倫、
十三日、庚寅、參東宮(居貞親王)、令藏人民部丞爲資獻書四卷、前日蒙令所書也、依御寢之間、付之退出、
昨日天台座主覺慶爲僧正(權僧正)云々、爲慶詣左府、有被物、薄色綾細長一重幷引出物馬一疋、
觀修僧正自今日奉仕千手觀音法、

官奏始
行成藏人頭の辭状を上る
辭状を返し給ふ

十四日、辛卯、今日初有官奏、左大臣・左中辨(高階信順)・左少史爲親(卜部)云々、付藏人辨(朝經)令奏藏人頭辭之状、

十五日、壬辰、左少辨返辭藏人頭状云、猶可從職者、

召國平(多米)朝臣仰雜事、

行成手跡を奉る
季御讀經
南殿に候すべき僧綱なし
濟信を請ず
僧綱召

十六日、癸巳、參內、獻手跡、依仰所書也、當季御讀經也、依無可候南殿之僧綱、可遣僧(召脱カ)都濟信之由、左大臣令奏、仰云、依請、濟信僧都御前僧綱也、

以權僧正觀修爲僧正、前大僧都覺慶爲權僧正、大藏卿(藤原正光)奉勅仰左大臣、大內記宣義(菅原)朝臣臨暗參入、雖奉仰事、依不隨身宣命古草、忽難成草、後日可作奉之由被仰之、

宣命は後日に作成せしむ
定澄を興福寺別當に補す
石清水臨時祭の舞人を改定す

十七日、甲午、依左府召參內、被奏云、以律師定澄可補興福寺別當之由、依請、臨時祭舞(石清水)人周家(藤原)・行順(橘)等申障之替、可召長信(藤原)・兼貞(藤原)之由、仰行事孝標(菅原)、候丞相御共參院、次參東宮、

季御讀經論義三番

十八日、乙未、參內、御論義三番、律師定澄候之、

同結願
位祿目錄を奏す
季御讀經及び仁王會の料米并に布施に就きて奏す

十九日、丙申、御讀經結願也、左大臣於仗座、令予奏位祿目錄、大辨奏之非也、依上命不固辭、次亦被奏云、二季御讀經供養析、以年析米永所割置也、所進之國無敢懈怠、合期勤仕來矣、但布施絹・布臨期申請、宣下所司之時、依無見納之色、成下文功亡國、因之合期難給布施、若准供米、永以年析之內、割充國々如何、又仁王會年中必所被行也、其析亦以年析米三百八十余石、每年充行、然而依不定置其國等、忽不能充下、殆成懈怠、布施亦同、自今以後、同支配

諸國新委不動穀を舂充てしむ

諸國、割新委不動穀、永令舂充□(之カ)、布施之物亦如御讀經析、仰云、依請、

任僧綱の宣命草尋で清書を奏す

暫之於便所左大臣令奏任僧綱宣命草、仰云、依草、申一剋搥鐘、事訖奏宣命請(清)書、退出、

行成法華經の外題を書す

此夜白地罷出浴、奉書法華經三部外題、依宰相中將(藤原齊信)消息也、

定好を當年維摩會講師となす

東三條院石清水八幡宮等に參詣し給ふ

廿日、丁酉、爲御使參院、左大臣被奏云、令興福寺定好奉仕當年維摩會講師、院今日參給八幡(石清水)・住吉、去夕御心地不宜、仍御修法延二个日、未剋事訖、

故源泰清法事

東三條院還啓

廿五日、壬寅、故左京大夫(源泰清)法事也、亦參內、候宿、院此夕歸給、

石清水臨時祭

祭使行成御禊

廿九日、丙午、石清水臨時祭也、予爲使、於宿所儲食物、(竹田)利成、巳剋御禊、午剋召陪從以上、

行成の馬副及び隨從者

騎用左大殿御馬、〻副六人、官掌得堪(丹波)・辨侯連瀧・小舍人永忠、右近府生中臣嘉數・左近番長委文武光等從之、

社頭の儀歌舞

御馬を廻らす

戌剋參彼宮、哥舞等如例、右近將監永家(藤原)朝臣・左近將監兼貞申俄有所勞之由不參上、仍以右馬助孝義(平)朝臣・散位邦昌朝臣等、令廻御馬、哥舞之間纔以參上、右衞門尉兼宣(源)儺僣之事、自鼻血出、

神樂

宿院に著かず朱雀院饗

還立

卅日、丁未、神樂及明、不著宿院、巳剋著朱雀院、聊設酒肴、垣下大夫數輩來、未剋參內、

御物忌饗祿を給ふ

依御物忌、不召御前、於便所給饗祿如常、

長保二年夏

四月小

平野祭
祭使藤原宣孝見參を奏す
賀茂齋院御禊前驅定
廣瀨龍田祭廢務
算道擧狀違例のことを辨ぜしむ

一日、戊申、平野祭也、使右衛門權佐宣孝(藤原)、行事藏人忠隆(源)、左大臣(藤原道長)於仗下今日被奏見參、又御(十一日)禊前駈事被定申云々、此夕參彈正宮(爲尊親王)、亦參院(藤原詮子)、參內、宿、

四日、辛亥、廣瀨・龍田祭、廢務也、自內詣左府、此朝候御前之次仰云、主稅筭師(物部賴利)非博士之道擧任之由云々、令博士等(三善茂明)可令辨之由、可仰左大臣者、仍仰大臣、卽仰國平(多米)朝臣、

此夕亦參、

觀修を權法務となす

五日、壬子、參結政、詣左府、亦此日勅云、以僧正觀修爲法務、仍申左府、亦仰下國平朝臣、歸宅、亦赴僧正房、賀法務慶、參院、次參內、

大盤所に絹三十疋を進納す榮爵媒人料

附藏人式部丞則隆(橘)、令奉大盤所絹卅疋、是大藏錄海敬忠所出、藤原扶賴榮爵媒人料也、

依奉急速公用之由所奉也、

藤原道長同行成をして造宮に依る山陵使發遣延引のことを奏せしむ

六日、癸丑、依昨日左大臣被申、參御前次、奏來八日山陵使延日可被發遣之由云、來月廿日可造宮之事、一日右大臣(藤原顯光)定申了、彼八日(四月)大神祭也、遠祭者使立之日齋、至當日雖被

神事の式日に山陵使發遣の例なし

修佛事無妨、但至山陵使者無發遣之例、加之來七日(四月)中宮(藤原彰子)初被參內、其後三介(个)日內、依山陵使事、有廢務之日、可無便歟、件造作事在明日可始、今日於被立使有何事哉、其程既遠、非無殘日、若過鴨祭(四月十四日)被奉遣何、丞相被申之旨也、

勅答

仰云、以(藤原)朝經可遣仰右大臣許、參內之日非廢務者、强不可避忌、令申之旨、已懇切之中、依有遺日、過彼日行之、有何事哉、因之可遣仰云々、

行成道長に之を傳ふ

與右中辨(源道方)同車、參左府申此旨、歸宅、亦參內、宿、

中宮初めて內裏に入り給ふ

七日、甲寅、辰剋自左府賜書狀云、中宮入御之間、有先例被行事等、欲令奏案內、暫可候、(源)濟政朝臣候者、可示只今可來由者、濟政朝臣今朝罷出、仍令申其由、午剋阿波權守濟政

御入內初の日行賞の例文

朝臣來、傳左丞相被奏旨、卽付皇后初入內日有賞例文、延長元年四月廿六日、皇后(藤原穩子)立、九月五日、從右大臣(藤原忠平五條第)第遷御主殿寮、藤原師甫(輔)敍從五位下、從大臣男也、天德二年十月廿七日、皇后(藤原安子)立、同三年六月十三(六)日、從左近中將藤原朝臣伊□(尹)、第(小一條第)、遷御內裏、藤原惟賢敍從五位下、伊(尹脫)男也、天延(天祿四)元年七月一日、皇后(藤原媓子)立、同月廿日、從內大臣(藤原兼通堀河第)第遷御內裏、藤原朝臣朝光敍正五位下、皇后弟也、十月十四日、无位昭子女王敍正三位、后母也、天元五年三月十一日、皇后(藤原遵子)立、五月七日、從太政大臣(藤原賴忠四條第)第遷御內裏、藤原朝臣公任敍從四位上、后弟也、十月十八日、正四位下嚴子女王敍正三位、后母也、寬和二年七月五日、皇太后(詮子)立、同日藤原朝臣道兼敍從四位下、(后兄也脫ヵ)大江慈子・高階治子敍從五位下、已上御乳母、同九日、遷御內裏、藤原朝臣道隆敍正三位、永祚(正曆元)二年十月五日、皇后(藤原定子)立、同月十五日、藤原朝臣伊周敍正四位下、后兄也、祐子女王敍從五位下、乳母也、同廿二日、從攝政(藤原道隆東三條第)第遷御

御物忌に依り勘文を奏覽せずして口奏す
加階者の人選を仰せ給ふ
藤原道綱は先例に叶はず
縣奉平天文密奏を上る
豐樂院招俊堂に雷火あり
燒亡奏
擬階奏 上卿藤原實資
鎮火
道長源成信を停めて道綱加階のことを重ねて奏す
道綱一家の兄として行賞を懇望す

內裏、藤原朝臣守仁敍正五位下、〇小右記ハ從五位上ニ作ル、高階光子敍從五位下、〔乳母也脫カ〕同廿六日、從五位上高階朝臣貴子敍正三位、后母也、件勘文依御物忌、不能奏覽、只以詞奏之、仰云、后立之後、初入內之日、行賞有例、於行之有何事哉、指某人可申之由、可仰遣者、卽以此旨傳仰、暫之濟政還參云、后母氏(源倫子)加階幷源信子乳母、・同芳子及右大將、藤原朝臣(道綱)者於一家爲兄、雖無先例、懇切有所申、亦(源)成信朝臣相從猶子、若有餘恩乎、卽奏、仰云、皇后母氏幷乳母信子及芳子幷成信朝臣等之事可然、但藤原朝臣所申雖切、先例不叶如何、仍亦傳仰此旨於濟政、

天文博士奉平(縣)令藏人辨朝經上密奏、申云、火事殊重可令愼御坐、未剋暴雨大雷、暫之天霽、與朝經辨相共詣左府之間、比至右衞門陣、坤方有火、比至上東門下、馬寮下部一人走逢、申云、豐樂院西南堂(招俊堂)有雷火、不能救之、卽仰史允政(惟宗)・文信(石城)等、差遣令救火、亦仰作所(物脫カ)工部等同可將罷之由、不能罷出、更歸參、令藏人忠隆(源)申火事案內、依　勅、重差遣諸陣官人等、此間藤中納言實(實資)、依擬階奏之事、被候右仗、時剋雖移、火勢未滅、左大臣坐彼院之由云々、仍與左少辨(朝經)幷國平朝臣等詣向之間、比至職御曹司西、火漸銷滅、於八省西廊下奉逢左丞相、々々卽被參內、宰相中將(藤原齊信)・源宰相(俊賢)從之、丞相於御宿所命云、大將加階之〇事、度々所被示、甚以懇切也、被停成信朝臣、可賜藤原朝臣加階之由重可奏、前度依無先例、不被許之由奉仰已了、重所令洩　奏、非無事憚、然而彼大將爲

行啓
出車
行成道綱及び成信を共に賞すべしと奏す
成信は道長の猶子
勅許あり
加階の人々
行啓供奉の人人鋪設
祿を給ふ
御灌佛導師慶算
觀修權法務の慶を奏す祿を給ふ
中宮御灌佛

家兄慇勤有望、不能抑止、今一度許令洩申也云〻、依御物忌日已陣外、令民部乳母傳旨洩奏、乳母云、事非如初、頗有恩容者、于時丞相退出給、仍參中宮、入夜也、奉丞相中（謁）此旨、

今日申剋以後甚雨、及亥暒、有行啓事、余（藤原行成）出車、檳榔毛、車（副）□八人、亦參內、令民部乳母奏成信朝臣加階之事、初有恩許、而以藤原朝臣所申懇切、依大臣令申之旨重疊、更止成信之事如何、成信入（致平）道親王息男、已是御傍親也、又故入道（源雅信）左大臣愛孫、今左大臣猶子、與皇后又爲近親、可有恩之由、定及其歟（聴脱カ）、自彼大將者頗有便宜、其大將所申已無准據之由被仰先了、今退下階之有便宜、更加上階之無先例、於事非穩、共（猶）□賞進如何、卽有勅報、所申可然、仍奉　勅旨、可敍從二位、右大將藤原朝臣成信朝臣從四位上、后母氏從二位、源信子乳母、・同芳子從五位下之由、仰中宮大夫、（源）時中、供奉參議以上座在后御在所東北對東庇、大夫時中・中納言（藤原）時光・參議公任・忠輔（藤原）・俊賢・濟（齊）信等也、侍從座東長片庇、已上有祿、諸衛佐・殿上人等在東對東庇、衞府佐供奉者有祿、此夜宿、○コノ條、京都御所東山御文庫記錄乙二十八所收册命皇后式及ビ柳原家記錄十一所收立后雜事抄ニ收ム、

八日、乙卯、御灌佛、左大臣・宰相中將齊、・源宰相俊、參上、御導師慶筭、藏人孝標（菅原）行事、〻了僧正觀修參東北陣外、令申法務悅、左近中將經房（源）朝臣傳奏、給祿如例、

中宮有御灌佛事、

雷火御卜のことを仰せ給ふ
未下行の御修法料米下文を觀修に送付す
行成の解除
藏人所雜色を替補す
催百五物使
行成賀茂齋院御禊前驅藤原重尹を訪ふ
その父藤原懷忠の舊意に報ふ
賀茂齋院選子内親王御禊一條院内裏より左近馬駐南に於て見物す
路頭下馬の儀は宣旨に依る
藤原顯光賀茂社に詣す
賀茂祭明豪車宿に棚を高く構ふ
檢非違使をして之を撤卻せしむ

今日候朝陪膳之次　勅曰、雷火事可有御卜、宿、
去年(元年十一月)依院御悩、公家所被行御修法料未行、米五石四斗下文送法務僧正房、(國平朝臣下文、)
九日、丙辰、早旦與權中將(成信)同車罷出、出河原令奉平宿禰解除、此夕參宿、雜色藤原賴經去
年爲催百五物之使、下越前國、于今未參上、仍解却、其替補藤原賴任云々、賴任元名公
信、勸學院學頭也、故勘解由長官佐忠朝臣(藤原)孫、而故山城守時明朝臣(藤原)男也、
十日、丁巳、罷出、將向小兒等於世尊寺、詣民部卿(藤原懷忠)第、問右兵衞佐重尹(藤原)、明日御禊(賀茂齋院)前駈事、
先年余爲左兵衞佐、供此役之時、戸部(懷忠)以藏(人)頭・左大辨被過問、依思舊意所詣問也、次
參内、宿、
十一日、戊午、罷出、參左府、未剋許與右中辨同車見物、左馬頭相尹(藤原)共見之、一条大宮辻列
見、年來例也、而御一条院之間、依無便宜、於左近馬駐南列見、齋院(選子内親王)供奉之者、於大宮
路下馬、到堀河橋東、更騎馬、(卽宣旨也、)
十二日、己未、今夕參内、
十三日、庚申、右府詣賀茂給云々、朝罷出、
十四日、辛酉、候内、賀茂祭也、明豪僧都車宿高構棚、自東北陣中露見之、仍遣藏人所小
舍人示此由、而不承引、仍仰右衞門府生林重親令撤却、是奏事由所行也、重親先奉仰旨、

明豪東三條院に愁訴す
僧侶の車宿は禁制あり
飾馬御覽
行成等の見物
行成等見物の後世尊寺に於て會食す
吉田祭
巡に當る者に替て近衞府使を勤むる將監に敍爵す
敦康親王宣下
僧仁康河原院の佛像を祇陀林寺に移す
白牛車を作る

到彼車宿、令示案內、無敢承引、重親于時還(更)騎馬立埒邊、令隨身等撤却、爲見物所登居女房・道俗等亂落云々、依此事彼僧都愁申東三條院、可被勘問重親之由、面々有告、然而件棚自御所近見之內、僧車宿已有制所禁也、(元年七月二十五日)加之案內承(奏)　勅所行也、其旨亦非失錯、果無所被召問重親、亦無所仰、

此日御覽藏人所陪從幷使等餝馬、權中將成信朝臣候御前、與右中辨同車見物、歸參、宿侍、

十五日、壬戌、與成房(藤原)少將同車見物、歸到桃園(世尊寺)、補疲之間、權中將成信・藤中將實成・四位少將兼隆(藤原)・能通(藤原)朝臣・藏人式部○則隆(承)・右衛門尉兼宣(源)同來會共飯、訖各退歸、余與藤中將同車、參東宮(居貞親王)、

十六日、癸亥、今夕詣左府、參彈正宮・院幷內、

十七日、甲子、吉田祭也、近衞府使巡在左、而將監秦友正雖可奉仕俄申障、仍仰將監藤原兼貞、奉仰奉仕可給爵云々、勅云、以敦康可爲親王之由仰下者、右大臣被參、仍仰之、罷出、詣東院(爲尊親王室)、謁入道中納言(藤原義懷)、詣左府、歸宅、

十九日、丙寅、

廿日、丁卯、參院、僧仁康先年奉造丈六尺迦像、安置河原院、今日作白牛連(車カ)奉移廣幡寺(祇陀林寺)、

東三條院御見物

院密々御覧、左府被候御共、右大將(藤原正光)・大藏卿・余候車後、見物車馬塡滿于路、京極路也、歸御之後歸宅、

中宮季御讀經

又參中宮、御讀經發願也、候宿、

正藏率分所の土佐絹下文を民部省に付す
同國目の俸料充行

此日召民部錄船隆範、給正藏率分所土左國絹伍拾陸疋下文、幷仰彼國目秦連光俸料等觸(藤原光尹)國守可令充下之由、

中宮季御讀經結願
競馬に依り殿上の侍臣を左右に分つ
右方取分源濟政失儀あり
道長家讀經

廿三日、庚午、參內、中宮御讀經結願也、此日於殿上、藏人辨・阿波權守左右相分、取別挑競馬事、頭(行成・正光)二人在左也、右方取分濟政朝臣失也、人々有奇色、參左府、御讀經始也、今夕亦參內、夜半許於左近馬埒令馳馬、

廿四日、辛未、左方人々到左近馬場競馬、自內罷出也、

道長第競馬十番持
道長駿馬を右方に給ふ
道長の不快

廿五日、壬申、與藏人辨同車、參土御門院、左丞相第也、東三条院近日御此、於馬場有競馬也、競馬十番、持、丞相厩馬駿蹄四疋可給右方云々、皆可立五番以上云々、仍左以下品馬立五以上、雖非挑事之本意、本家於左方無御用意云々、仍以駿足不立於上、主人御氣色不宜、抑不□(注ヵ)子細、依非向後之法耳、

行成世尊寺に詣す

廿六日、癸酉、參左府幷內、向世尊寺、此日法務僧正於此寺有威從主人事、仍相伴殿上人四・五輩到訪之、事了歸參內、宿、

陣中文

廿七日、甲戌、參結政、有陣中文、右大將・予・史貴重(惟宗)、罷出、詣左府、御心地不宜云々、所命雜事甚

道長藤原頼通を行成に託す

道長初度上表
上表使源經房
勅使藤原重家

多、鶴君(藤原頼通)事隨見聞必可用意者、今夜亦參內、左大臣有上表事、左近中將經房爲使、少將重家(藤原)爲勅使云〻、

廿九日、丙子、自一昨候內、今日罷出、詣左府、歸宅、亦參內、

五月

一日、丁丑、罷出、亦參、

藤原行成世尊寺供養の雜事を定む

二日、戊寅、向桃園(世尊寺)、定供養雜事、此夕亦參內、

三日、己卯、罷出、

丹生貴布禰兩社祈雨奉幣使發遣

官奏

四日、庚辰、參內、丹生・貴布禰使立、右大臣(藤原顯光)官奏、

中宮に渡御

主上(一條天皇)渡御中宮(藤原彰子)御方、

(行間補書)五日、辛巳、參內、候宿、

興福寺別當定澄檢非違使を大和に派遣し犯人を追捕せしめんことを要請す

藤原道長之を奏せしむ

六日、壬午、罷出、與新少將公信(藤原)、參左府(藤原道長)、退出、調小饌奉僧正(觀修)房、依左府召亦參詣、命云、扶公來、傳定澄律師消息云、寺家(興福寺)申請檢非違使雖承下遣之由、于今未來向、寺家大衆欝申甚切者、國司(大和)孝道(源)稱病不早罷下、忠親(藤原)罷國、令留守官人介時夏(橘)等指申在處、可追捕犯

臨時奉幣使發遣
右近衛府眞手結延引
行成の執奏
右近衛府眞手結を追行す
行成檢非違使派遣の勅裁を道長に傳ふ
大和守源孝道興福寺使の濫行を道長に愁訴す
長者宣を下して制止せしむ
勅して新制の弛緩に依りて檢非違使廳を戒飭し給ふ
中宮侍絹袴著用の風聞
東三條院御惱
源保光忌日

人之由可奏者、卽申明日可奏聞之由、歸宅、
此日臨時(招俊堂雷火)奉幣使發遣、依此事右近眞手結可延引之由、昨日大將(藤原道綱)令奏云々、
七日、癸未、參內、奏左大臣申旨、仰云、明日可下宣旨、
依有方忌不宿、罷出、今日右近手結云々、
八日、甲申、詣左府、申昨日所被仰遣大和國使事、□(依カ)被奏之旨、可仰下之由、亦召國平(多米)朝臣仰下、又丞相命云、大和守孝道朝臣只今令申云、興福寺使引率數多之人、入亂添下郡舘內、不令所住男女東西、所爲濫行不可謂云々者、早可加制止之由、可遣仰別當律師定澄許者、卽□(書カ)仰旨(氏長者)、付忠親朝臣下遣、參院(藤原詮子)、又參左府、被奏云、日來所勞侍、久不參入之間、右衛門督藤原朝臣(公任)來訪、申云、昨以孝標(菅原)來傳勅命云、新制官符(元年七月二十五日)下知之後、制法更緩、衆人成嘲□(云々カ)、□(是カ)使廳不慥行之所致也、能仰官人等、可令立行者、件事尤可然、能可被誡仰之事也、但其次亦申中宮侍人著絹袴由、以女房說達于天聽之由、孝標有申云々、此事承驚無極、若誰人所上奏哉、早令指申其人、將令召進者、此次所示甚多、不能注、依之參內之間、聞院御惱殊重之由、仍與經房(源)・成信(源)兩中將□(參カ)院、次參內、令孝標傳奏左大臣旨、仰云、絹袴之事□(無カ)聞食、如何事哉者、仍復詣彼殿申此旨、歸宅、
九日、乙酉、故中納言(源保光)御忌日、仍不出仕、

道長の物忌
行成道長病の間厭魅幷に咒詛ある事及び東三條院御惱に依る御修法の事等を奏す
御修法阿闍梨に勝算を請ず
御修法料米下行
大江匡衡東三條院に易占を奉る
同院殿上の停止を道長に令し給ふ
行成令旨を道長に傳ふ
御物忌
大元帥法出來
尋覺をして東三條院の御修法に奉仕せしめんとす
不斷御讀經僧名定文を下す

十日、丙戌、詣左府、依御物忌、於門外令申雜事、參院、□（參カ）彈正宮（爲尊親王）、又參中務卿宮（具平親王）幷内府（藤原公季）、兩所昨有召也、歸宅、亦參左府、亦參院、參内、
十一日、丁亥、奏左大臣令申病惱間有厭魅・咒詛事之由、若及天聽歟云々、仰云、云々、事其（甚カ）繁碎、仍不記、
亦奏東三條院御惱之間、可被行御修法之事、仰云、自來十四日、可令僧都勝筭奉仕、罷出、參院、
民部卿（藤原懷忠）被參會、仍申忽被始御修法無料物、募土左國所在官物、可被奉米少々之由、被示云、五十石許可令奉者、式部權大輔匡衡（大江）朝臣令判官代（東三條院）則孝奉易占、召余（藤原行成）仰云、匡衡朝臣所占殊重、對治之事、從令申旨、可爲宗儉約、殿上事先々可止之由、仰下重疊、然而于今無停止、非本意之由、可仰左大臣者、即詣彼殿、令成信中將傳申、御返事旨歸參申了、歸宅、此夕參左府宿、依御病殊重也、内御物忌也、
十二日、戊子、申昨御返事、午剋出、參内、候宿、
十三日、己丑、終日候内、夕參院、詣左府、相逢權中將（成信）、示大元法出來之由、
十四日、庚寅、早旦參左府、申院御修法可奉仕勝筭僧都申病由不仕之由、以尋覺律師可令奉仕者、仍令奏事由、遣仰已了、亦昨日所下給不斷御讀經僧名便下平中納言（惟仲）、始來廿（十）八日仁王經也、

行成東三條院の法華經外題幷に御願文を書し奉る

尋覺障を申すに依りて尊叡を請ず

檢非違使廳申請の雜事三箇條に就きて道長に勅問あり

道長の奉答

僧侶車宿の事

美服の事

六位以下乘車の事

道長病に依りて右大臣藤原顯光をして賑給施米幷に去年不堪佃田定及び一上の事等を行はしめんとす

卽又下國平朝臣、又丞相命雜事、邪氣・厭物等事也、此間兵部丞齊(源)告院召旨、白地歸宅、卽參院、依仰奉書法華經三部(無量義加各開・結經、經・普賢經)、外題幷御願文、此間尋覺律師返事申障、依前日令旨、停止殿上之事、召光榮朝臣(賀茂)問其日、申今日吉由、卽啓事由、仰云、早仰下、卽詣左大殿申此旨、命云、院御修善可令尊叡律師奉仕、奏事由仰遣、亦院殿上止之、爲藏人所者、亦申昨日所下給檢非違使廳申請新制官符中、候裁定可糺行雜事三个条文、因傳 勅旨云、件等事若下公卿可令定申歟、將只可定仰歟、此等案內須期參入之日、面相定可左右也、然而所申請之旨、不致懈怠、早欲定仰、如何、卽被奏云、三条事之中(个)、一、僧侶車宿事、先加制止、無承引輩注名言上之日可定下、一、美服事、紅・紫兩色只禁美麗矣、直衣下襲及紫褐退紅等、尋常行(所)用之色、或裁(緎 式カ)或條、或著用作例之類不可制止、一、三幅(袴廣)事、所指荒涼、以二尺爲其法、一、六位已下乘車事、六位以下騎用螺鈿鞍之輩、只破却其橋、至于馬者非沒官之例歟、則破却其車、可返牛於本人、

亦申進內侍所申大學寮米事、被申云、如此等事、自今(之)後不可奉行、可被仰他上卿者也、身沉重病、無期平復、因辭退官職、雖無恩許、重可上表、賑給・施米・去年不堪定等事、早可申行之由、遣示右大臣許了、此外一上所行事等、同可申行由、又同遣示了、ム(道長)本自懈怠愚者之例也、尋常之時、動紊朝務多矣、至今者病在重困、只避官職欲遂本意、此時

東宮御讀經勅答
賑給等の事は右大臣行ふべし
一上の事は讓るべからず
東三條院の殿上を改めて藏人所となす
行香
朝座講師道長病重し
東宮御讀經結願
東三條院御惱危急
御邪氣
勅使を遣して御惱を問はしめ給ふ
東三條院に度者千人を奉る

可仰　朝恩者、亦被示云、詣右府可申令奏之旨、又賑給・施米事、早被奏行、不堪事可
被定申之由等可申者、卽詣北(此カ)殿申御消息旨、被申返事云、賑給等事隨仰可申行、次參東(居貞
宮、親王)御讀經發願也、次參內、奏左大臣申旨、返上使廳申文、　仰云、賑給等事可令催行、
一上之事推讓次人、理不可然、無便宜之事也、所勞平愈、參入之日可仰雜事、亦申院御律師尋
叡奉仕、修法阿闍梨之替、以他僧可請用御讀經事、　仰云、可召律師定澄者、
參院、申殿上之事、左大臣被申旨也、令旨已下、仍仰番頭源(東三條院)恒規、以殿上改爲藏人所、
朝座了行香、右・內兩相以下卿相多被參、罷出、詣左府、歸宅、
十五日、辛卯、
十六日、壬辰、自內參院、靜昭闍梨朝座講師、詣左府、御病殊重、奉謁申雜事、歸宅、
十七日、癸巳、詣左府、次參結政、比至陽明門、聞結政了之由、卽參內、參東宮、御讀經
結願也、又詣左府、歸宅、又參左府、又參內、丑剋許院侍上毛野有奉走來、授源相(俊賢)公消
息云、院御惱極重、邪氣奉取入、御身已冷、時剋推移者、卽參御所、奏此案內、卽令藏
人則(橘)隆奉問、又頻使藏人孝標奉問、此間夜明、
十八日、甲午、則隆還參、申云、今間御身漸暖、令啓有內御消息之由、聞食知者、仍奏此
旨、仰云、爲消除御惱、可奉千人度者、亦正(藤原)光朝臣罷向僧都勝筭許、召出可將參、其仰

勝算に御修法奉仕のことを重ねて仰す
道長に度者百人を賜ふ
未斷囚人を勘申せしむ
道長第三度上表
表を御所に留めしむ
勝算猶參仕せず
不次の恩を望む
顯光をして赦免例を勘申せしむ
仁王經不斷御讀經
未斷囚人の勘文を口奏す
二十九人
左二十三人
右六人
顯光赦免例の勘文を奏す
長德二年の例に依りて詔書を作るべし

旨者、一日依院御悩、可奉仕御修法之由雖遣仰、令申所労殊重、不可參仕之由了、而重於遣仰、不可必嚮應歟、然而御悩彌重、若參入奉令平愈者、所申之事可有恩容之趣也、即差則隆令啓此案内於院、又令傳大藏卿（正光）、依候院也、此間孝標歸參、申御悩頗宜之由、即奏之、次亦仰云、差濟（源）政仰遣左大臣第云、依有所悩危急之告、爲期消除、賜度者百人、即仰、巳剋右衛門督依召參入、被仰可令勘申未斷囚人之由、左大臣令右近少將兼（藤原）隆奉表、依御物忌、只以詞奏之、別依有所令申、被仰留之御所之由、依仰遣召右大臣、午剋大藏卿・右衛門尉兼（源）宣等歸參、令奏僧都勝筭不參之由、所申甚不足言也、有所労之中、付公私所奉仕非無事驗、然而未蒙一度之恩、若不次有恩、可出仕之氣色甚掲焉云々、未剋右大臣被參、被仰云、依母后（詮子）御悩、行赦免之例可令勘申、亦依仰令搥鐘、依可愼御坐、被行不斷仁王經御讀經也、

申剋

酉剋右衛門督令奏未斷囚人勘文、依外書以詞奏之、合廿九人、之中左廿三人、之中八人依致害・强竊盗（安正）・咒詛之者重、其外或嫌疑之輩輕、矢田部有延擬致害僧者云々、輕也、不承伏、右六人、致害者二人重、可然可免大（丈）部有光、橘御垣丸可免、○北山抄裏文書ハ、橘美柿丸ニ作ル、其外强盗等嫌疑刄傷之輩輕、右大臣被奏赦免例勘文、仰云、依長德二年（三月二十八日）例、可作詔書、右衛門督令申、亦未斷囚人之中、依詔可赦免

內記及び大業の上官等不參

少外記慶滋爲政をして詔書を作らしむ

常赦詔書

藤原道兼の靈道長に託して雜事を告ぐ

賈誼の賦

粟田山荘を寺となすべし

世尊寺の事

之者非幾、隨　勅定、可免犯狀不分明者等歟、　仰云、所申可然、相計可原免、

右大臣被奏云、今日內記等在所不定、忽不可召出、亦大業上官等依休日不參、左大辨忠（藤原）輔朝臣雖參候、依爲上達部輙難仰之、抑參議以上草詔有例、令奉仕何、仰云、依請、此間少外記慶滋爲政參入、仍亦令奏事由、改被召仰、

戌尅右大臣於便所、令奏詔草、　詔云、母儀仙院（詮子）、綺膳乖味、玳席不閑、惠露光危、下藥之方無驗、定水聲咽、上池之術未施、朕以草昧、忝承鴻基、欲痊之懷、雖凝於方赤、苦祈之感、難達於彼蒼、思解殷羅之斯設、以獻胡福而永全、可大赦天下、自長保二年五月十八日申時以前、已發覺・未發覺・已結正・未結正・繫囚見從（徒）・强竊二盜咸赦除之、但犯八虐・故敎・謀敎・强竊二盜・私鑄錢・常赦所不免者不在赦限、布告中外、普俾聞知、主者施行、　仰云、依草、

觸事由於藏人辨（藤原朝經）、白地罷出、詣左府、參院、亦歸參、

十九日、乙未、自內詣左府、二条殿御靈（藤原道兼）詫（託）丞相、被示雜事甚多、誦彼吳强大、夫差（吳王）以敗越、棲會稽、勾踐（越王）覇世之句曰、是本習不失也者、左丞相之容顏、病中猶鮮、右丞相之意氣、身後如舊、毎思往事、言泗俱下、又命云、不變舊意可諷（大字カ）諫少將（藤原重家）、又粟田（山城）可爲寺者、擇僧可付桃（世尊寺）園寺事、納言（保光）歡喜無極、此間日及黃昏、歸宅、亦與宰相中將（藤原齊信）同車參院、參內、

道長の物忌

顯光に仁王會を行ふこと及び常赦詔書の脫字補塡のことを仰す

藤原道綱右近衞大將の辭狀を上る

上表使藤原兼隆

勸學院道長の病に依りて大般若不斷諷經を行はんとす

高階成忠の靈託

御讀經結願

手作布を布施に加ふ

顯光詔書に脫漏の八字及び匡衡難ずる所の草昧の字に就きて奏す

勅答

詔書作者爲政等の奏答

廿日、丙申、候內、夕參院、相逢辨命婦（橘良藝子）、亦詣左府、御物忌也、

廿一日、丁酉、候內、參院・左府、

廿二日、戊戌、參右府、依一昨　勅命、仰可行仁王會、又一日詔書不載大辟以下罪無輕重例句云々、可令加入之由、被示云、明日參入將申行、參彈正宮、詣左府、詣右大將殿、依御物忌、於門外相逢前備前介中淸（藤原）大夫、令申事由、今日被上表辭大將、使兼隆少將云々、

參院、參內、

今朝定澄律師來臨、相逢、召仰勘解由判官行忠（藤原）、自□（彼カ）院（勸學院）請興福寺僧十五口、始自來廿六日、於長者殿（道長）、爲消除御惱、可令轉讀大般若不斷經、諷經、先年院御惱之時、靜昭闍□（梨）申行此事、高二位（高階成忠）靈出來、云功德殊勝之由、其度御惱早平愈、仍今申行耳、

廿三日、己亥、內御讀經結願也、依　勅以前武藏守寧親（藤原）交易進任中別納租穀充遺代手作布廿五端、加引布施內、右大臣參入、被奏云、大辟以下之句欲令書載詔書、其字已多、重承仰事將以左右、又草昧事匡衡朝臣有所申云々、若以其旨且問作者爲政、且問宣只今候座參議中儒者等如何、

仰云、依天曆六年（八月十五日）例可加入、不可改書、草昧事可問、暫之被奏云、草昧事爲政申有例之內、所指已明之由、式部大輔菅原朝臣（輔正）・忠輔（藤原）朝臣等申云、如爲政申已有例者、有何難乎、

顯光仁王會定の日取に就きて奏す

次被奏云、仁王會事欲定申、今日重日也、加之今月廿六日之外、無他吉日、過彼日可延及來月下旬、其期已遠、至廿六日又迫近、隨仰以後日定申如何、

勅答　仁王經轉讀のことを仰せ給ふ　三箇日

仰云、過今日可定申、但爲祈年穀攘病患、仰十五大寺・延暦寺幷有供諸寺、始來廿六日、限三箇日、可令轉讀仁王經、

行香

未剋御讀經結願、行香之後罷出、詣左府、歸宅、

此夜到世尊寺、

行成の物忌

廿四日、庚子、依物忌不出寺、未剋許自左源中將經房、許示送、今日不參之由、相府有怨氣者、然而令申所愼殊重之由不參、

道長邪氣の詞　故藤原伊周の本官本位を復すべし　本心の詞　人の氣色を窺ふべし　行成之を奏す　勅答

廿五日、辛丑、詣左府、有所被奏之事、〻甚非常也、是邪氣詞也、以前帥(藤原伊周)可被復本官・本位、然者病惱可愈者、此次亦被示云、申此由之次、竊可見人氣色、此詞以本心所被示也、先參院令啓此由、次參內、奏之、仰云、昨以濟政所令申同趣也、事已非常、甚不足言也、縱在平生、於申非理不可承引、況今不覺病中、如此所申何有許容、只以所申事者相定、追可仰之由可仰者、

道長勅許なきを怨み奉る

仍亦詣仰此由、靈氣自初託主人(道長)、聞難澁之　勅語、怒目張口、忿怒非常也、

行成の感懷

藤氏長者在□(于カ)壯年、已極人位、皇帝(一條)・太子(居貞)親舅、皇后(彰子)親父、國母(詮子)之弟、論其榮幸、天下無比、而今霧露相侵、心神若亡、邪靈領得、似不平生、死者士之常也、生而何益之有、謂事之

行成心事を奏上す

定好を維摩會講師となすことを外記に仰すべし

又定澄を同會大供別當弁に探題となす

勸學院道長家に於て大般若不斷諷經を行ふ

世尊寺に於て新圖不動明王像を供養す

闘亂の廉に依りて瀧口を除籍す

中宮土御門第行啓

諸社に候すべき僧等のことを仰す

顯光爲政の勘文等を奏す

御物忌

理、是世無常也、可愁々々、可悲々々、歸參大内、依有雍容、上陳心事、亦歸寺(世尊寺)、
此日左丞相有病間之時、被仰定好(興福寺)維摩講師事、未仰外記、汝(行成)便可仰善(滋野)定(言)朝臣、又律師定
澄爲大供別當弁探題等之事、可下宣旨者、
廿六日、壬寅、參内、候御前、參左府、此日請興福寺僧十五口、不斷令諷讀大般若經、是
稱勸學院所行、實下官(行成)所勤也、今日御心地彌非平生、聞歎無極、讀經發願之後參内、歸
寺、惟(橘)弘令觀助闍梨、自今日限七个日夜、令供養新圖不動明王像、
廿七日、癸卯、參結政弁内、詣左府、參院、歸參内、候宿、
昨瀧口周防介惟宗行賢・藤原親光有闘亂事、仍被追放除籍云々、
廿八日、甲辰、候内、右府被參、戌剋中宮出御土御門院、行啓事平中納言行之、自北邊路
東行、自洞院西路南行、自上東門路東行、
依仰可令候諸社僧等事、遣仰座主(金剛峯寺)雅慶僧正(都)等許、右大臣被奏少外記慶滋爲政勘中草昧事
文幷文五卷、依御物忌、今日不覽、
廿九日、乙巳、今日祇候、

六月

藤原行成東三條院及び中宮に詣す

一日、丙午、罷出、詣左府（藤原道長）、參院（藤原詮子）幷中宮（藤原彰子）、歸寺（世尊寺）、亦參內、

二日、丁未、罷出、

行成の物忌

三・四・五・六日、物忌、○三日以下ノ諸條、原ト前條ニ續ケタリ、今意ニ據リテ行ヲ改ム、

七日、壬子、參內、參左府、亦參內、罷出、○コノ條、原ト前條ニ續ケタリ、今意ニ據リテ行ヲ改ム、

藤原道綱造宮行事を辭す

八日、癸丑、有所愼籠居、有召參內、仰云、造宮行事右大將藤原朝臣（道綱）有辭申之事、此由可仰左大臣者、候宿、

行成勅命を藤原道長に傳ふ

御物忌に依り道長の奉答を藏人所の紙に書して奏せしむ

藤原實資を造宮檢校となす

道長實因を極樂寺阿闍梨に補せんとす

九日、甲寅、曉更罷出、駕赴三条、詣左府、傳　勅命、有所被申之事等、歸參內、於殿上邊書狀、依御物忌、不能參上、仍取藏人所帋書之、密令藏人實房（藤原）上奏、賜　勅報、披讀之、亦有所令申、卽仰云、以中納言藤原朝臣實資、可爲造宮撿挍之由、仰右大臣（藤原顯光）者、卽詣左府申此由、次便參彈正宮（爲尊親王）、次詣右府仰下、卽仰史延政（美麻那）、次歸宅、休息之間、又自左府有召、仍參入、命云、法性寺座主有闕之時、不補實因僧都之事、自所大失也、極樂寺阿闍梨今有其闕、仍實因所放解文欲奏、必入心可申下、以此事欲報彼怨、卽給其文、仍取之、申過十一日可

東三條院源兼資宅に遷り給ふ
道長土御門第に移徙す
御體御卜奏上卿不參
件奏を內侍所に付す
道長定湛の阿闍梨裁許を催し奉る
神今食後齋
行成の物忌
景盛の位記を送付す
行成の物忌
方範の位記幷に穀倉院位祿官符等を送付す
卒去の人々
疫癘流行す

奏之由、歸宅、亦參院、此夜遷御兼資（源）朝臣宅、候御共、亦參左府、〻〻亦自尚侍殿（藤原綏子）移土御門第、次參內、候宿、

十日、乙卯、罷出、參左府、今夕參內、上卿不參、御卜付內侍所、

十一日、丙辰、罷出、參左府、今夕亦參內、便參（候宿カ）內、

十二日、丁巳、罷出、參左府、命云、定湛阿闍梨解文先日所令奏也、而度〻雖令催申、于今無裁許、候松容可催申者、申云、今日御物忌之內、後齋（神今食）也、今須今夜候宿、明日將奏之、罷出、今夜亦參內、

十三・四・五・六日、物忌、

十七日、壬戌、詣左府、參內、候宿、○コノ條、原ト前條ニ續ケタリ、今意ニ據リテ行ヲ改ム、

十八日、癸亥、罷出、詣左府、詣東院（爲尊親王室）、奉謁入道納言（藤原義懷）、歸宅、景盛位記依左大殿仰、送高（藤原）扶朝臣許、

十九・廿日、物忌、

廿日、乙丑、方範位記付金昭使送、付主計允昌光（御船）、送穀倉院位祿官符於遠江（藤原光尹）・土左等國司許、遠江官符付近江介永頼（藤原）朝臣許、土左官符令付國司、去夕左馬權助親扶朝臣卒去、今月所卒去民部大夫（民部丞）國幹（藤原）・前因幡守孝（藤原）忠等也、近日疫癘漸以延蔓、此災年來連〻無絕、昔崇神天皇御宇七年有疫、天下之人大

世人代は像法末法に及ぶと評す

行成の見解

後漢末の妖孽災異連々

寛仁好文の賢皇

漢文帝唐太宗の舊跡

愚暗の人理運の災を知らず

藤原顯光の封戸改國申請

勝算の御修法參仕

東三條院勝算の權大僧都を約し給ふ

祈雨使を定む

宣命草を奏す

臨時奉幣定

造宮に依る諸國半租原免の詔を奏す

丹生貴布禰兩社に祈雨奉幣使を發遣す

半亡没、于時天皇知其崇〔祟〕、忽以解謝、治馭天下百〔マヽ〕餘年也、而今世路之人皆云、代及像・末、灾是理運也、予（藤原行成）思不然、聞寂勝説、自以相叶、後漢末歳、灾異重疊、後代之史、當時之謡、以爲賞不當其功、罰不當其罪、又如王法論、不治罰惡人、不親近善人者、禍胎灾孽何處轉之哉、彼濟陰彩鳳（桓帝元嘉元年）、巴郡黄龍（永康元年）、皆出訛言、多爲妖孽、今年夏（四月七日）招俊堂（豊樂院）灾、其後不幾、應天門（六月十八日）壊、皆是恠異之極、有識者定應有所見、主上（一條天皇）寛仁之君、天暦（村上天皇）以後、好文賢皇也、万機餘閑、只廻叡慮、所期澄清也、所庶幾者、漢文帝・唐太宗之舊跡也、今當斯時、灾異鉾〔鋒〕起、愚暗之人不知理運之灾、堯〔澆〕水湯〔陽〕旱難免、忽迷白日蒼天、雖訴無答者也、○コノ條、原ト前條ニ續ケタリ、今意ニ據リテ行ヲ改ム、

廿一日、丙寅、詣右府、被給御封申返、可加先日被奏文也、參結政間、剋限已過、仍參内、阿波權守（源濟政）云、勝筭僧都可奉仕左大殿御修法、是依院被申可被加大字、仍可參仕也云々、今日被定二社（丹生・貴布禰）祈雨使、以藏人可爲之、明日巳・午時云々、大臣被奏宣命草、亦來月一日臨時奉幣事亦被定申、又被奏依造宮免半祖〔租〕詔、□〔依〕中務省不參、封宣命給外記云々、除目有封、他書如何、可尋、罷出、赴少將（藤原成房）許、次歸宅、參左府、依御物忌、於中宮御方、相逢權中將（源成信）、次參内、

廿二日、丁卯、罷出、詣左府、依御物忌、候中宮御方、今日右大臣被奏行祈雨使事、丹生使藏人右衛門尉孝標（菅原）檢非違使、・貴布禰藏人右衛門尉兼宣（源）、於陣給宣命、歸宅、

行成大原野社神殿預弁に法園寺別當等の中文を史に下す

道長の物忌御修法料に伊豫備前兩國の進米等を充つ

勝算任權大僧都の慶を奏す

人々宣下以前の奏慶を訝る

仁王會皇后宮御讀經同行香

道長病癒ゆ定救申請の越前氣比神宮寺別當の國解を史に下す

施米文を奏す

靈巖寺妙見堂修理料の用殘を妙見像採色料に充てしむ

廿三日、戊辰、參結政、參內、罷出、紀宣時望大原野神殿預文、攝津國司(藤原棟世)申停止延曆寺延命院別院號、令僧日暹爲法蘭寺別當執行寺務文、日暹孝理(藤原)男、左衞門(藤原誠信)(督脫カ)口入男也、弁下國平(多米)朝臣、法園寺文可令申上、神殿預文可令續例也、

廿四日、己巳、今夕參中宮、左府猶御物忌也、相逢阿波權守、問御修法料物足否、昨以伊与所進米廿石渡行、仁王會料所召之遺餘也、其殘亦以備前所進廿九石別有貢析、・雜穀一石下文、亦付件權守(齊政)、件米去春御修法料借用左近府米、爲返補其代所召儲也、亦以寮(內藏)下文可返補也、

今夜參內、與源宰(俊賢)相同宿、相語雜事、

廿五日、庚午、勝筭僧都參陣外、令申被加大字之慶者、此事人々爲奇、參左府者可加大字之宣旨有云々、然而未被下宣旨於上卿之前、令申慶賀之故也、

此日仁王會也、今夕依仰差侍臣四・五人、令(參脫カ)皇后宮(藤原定子)行香、

廿六日、辛未、

廿七日、壬申、罷出、詣左府、御惱已平愈、佛力所爲、隨喜甚深、參院、歸宅、

廿八日、癸酉、小舍人時正來、告源藏人(忠隆)傳召之由、卽參入、定救申氣比神宮寺別當國解付史允政(惟宗)、送國平朝臣許、內大臣(藤原公季)被參、右大臣被參、令藏人辨(藤原朝經)奏施米文、

修理大夫(平親信)令奏云、依仰所令修理靈巖寺妙見堂、其事已了、所給料物手作布百端、用錢(殘)廿

行成陪膳を勤む

覺慶行成に雑事を指示す

端也、若以之充給(妙見像)採色料如何、　仰云、召佛師康尚可給、

今日供夕膳、又候朝干飯陪膳、罷出、

廿九日、甲戌、天台座主(覺慶)被過、示雑事五个、一〻可計行之由奉答了、

卅日、乙亥、

昭和五十三年十二月二十日　第一刷発行
昭和六十三年四月二十日　第二刷発行

史料纂集 ⑰
権記 第一
校訂 渡辺直彦

発行者　太田善麿
製版所　続群書類従完成会製版部
印刷所　東京都豊島区南大塚二丁目三五番七号
株式会社 平文社
発行所　東京都豊島区北大塚一丁目一四番六号
株式会社 続群書類従完成会
電話＝東京(915)五六二一　振替＝東京二―六二六〇七

史料纂集既刊書目一覧表

古文書編

史料纂集既刊書目一覧表

古記録編

配本回数	書名	巻数
1	山科家礼記	1
2	師守記	1
3	公衡公記	1
4	山科家礼記	2
5	師守記	2
6	隆光僧正日記	1
7	公衡公記	2
8	言国卿記	1
9	師守記	3
10	教言卿記	1
11	隆光僧正日記	2
12	舜旧記	1
13	隆光僧正日記	3
14	山科家礼記	3
15	師守記	4
16	葉黄記	1
17	経覚私要鈔	1
18	明月記	1
19	兼見卿記	1
20	教言卿記	2
21	師守記	5
22	山科家礼記	4
23	北野社家日記	1
24	北野社家日記	2
25	師守記	6
26	十輪院内府記	全
27	北野社家日記	3
28	経覚私要鈔	2
29	兼宣公記	1
30	元長卿記	全
31	北野社家日記	4
32	舜旧記	2
33	北野社家日記	5
34	園太暦	5
35	山科家礼記	5
36	北野社家日記	6
37	師守記	7
38	教言卿記	3
39	吏部王記	全
40	師守記	8
41	公衡公記	3
42	経覚私要鈔	3
43	言国卿記	2
44	師守記	9
45	三藐院記	全
46	言国卿記	3
47	兼見卿記	2
48	義演准后日記	1
49	師守記	10
50	本源自性院記	全
51	舜旧記	3
52	台記	1
53	言国卿記	4
54	経覚私要鈔	4
55	言国卿記	5
56	言国卿記	6
57	権記	1
58	公衡公記	4
59	舜旧記	4
60	慶長日件録	1
61	三箇院家抄	1
62	花園天皇宸記	1
63	師守記	11
64	舜旧記	5
65	義演准后日記	2
66	花園天皇宸記	2
67	三箇院家抄	2
68	妙法院日次記	1
69	言国卿記	7
70	師郷記	1
71	義演准后日記	3
72	経覚私要鈔	5
73	師郷記	2
74	妙法院日次記	2
75	園太暦	6
76	園太暦	7

権記 第1

史料纂集 古記録編〔第57回配本〕
〔オンデマンド版〕

2014年1月30日 初版第一刷発行 定価（本体7,000円＋税）

校訂 渡辺直彦

発行所 株式会社 八木書店 古書出版部
代表 八木乾二
〒101-0052 東京都千代田区神田小川町3-8
電話 03-3291-2969（編集） -6300（FAX）

発売元 株式会社 八木書店
〒101-0052 東京都千代田区神田小川町3-8
電話 03-3291-2961（営業） -6300（FAX）
http://www.books-yagi.co.jp/pub/
E-mail pub@books-yagi.co.jp

印刷・製本 （株）デジタルパブリッシングサービス

ISBN978-4-8406-3276-8 AI332